LA BARONNE BERGAMOTTE

COMÉDIE-VAUDEVILLE, EN DEUX ACTES,

Par MM. SAINT-YVES et XAVIER,

Représentée pour la première fois, à Paris, sur le théâtre de la PORTE-SAINT-MARTIN,
le 1er Décembre 1850.

PERSONNAGES.	ACTEURS.
LE BARON DE SAINT-PHAR...............	MM. Perrin.
DONATIEN, musicien....................	Gil-Pérès.
BONIFACE, propriétaire................	Dubois.
Un marmiton...........................	Chateau.
BERGAMOTTE, comédienne................	Mmes Daubrun.
MADAME BERNARD........................	Bligny.
MARGUERITE, sa nièce..................	Pauline Legrand.
BRIGITTE, servante....................	Antony.
Un second Marmiton, deux Laquais......	

La scène se passe vers 1780.

ACTE PREMIER.

Une mansarde pauvre et délabrée; à droite, sur le devant, une petite table ronde; du même côté, au fond, un lit. Porte d'entrée, au fond ; à gauche, sur le côté, une armoire dans le mur, sur le devant un petit pupitre avec de la musique; au fond, à gauche, un buffet. Plusieurs chaises de paille.

SCÈNE PREMIÈRE.

DONATIEN, *seul, assis devant le pupitre; il joue du basson, puis se lève.* Diable d'instrument ! Certes, je suis loin d'en contester la céleste harmonie; mais ayez donc de l'inspiration musicale à jeun. O Apollon! toi qui donnas à la lyre d'Amphyon le pouvoir de bâtir les murs de Thèbes... ô Apollon, jette un coup d'œil dans cette mansarde et transforme mon basson en talisman...

Air du *Baiser au porteur.*

Je ne veux pas faire surgir des villes
Un tel souhait pourrait t'importuner.
J'implore ici des choses plus faciles,
Que mon basson ait le droit d'ordonner
Et qu'il évoque un simple déjeuner...
En vain je bats sans cesse la mesure
Hélas! pour moi le sort reste endiablé,
J'ai beau souffler dans ma pauvre embouchure
Je vois toujours la misère à la clé.

(*Il dépose son basson dans un coin.*)

Apollon reste sourd, et moi je reste modeste musicien aux Grands Danseurs du roi, avec une croûte de pain de seigle pour réjouir mon estomac. Heureusement que j'ai mieux pour mon cœur... grâce au souvenir de Marguerite, un amour naissant qui a pris domicile dans ce côté gauche de ma poitrine !

BERGAMOTTE, *en dehors, chantant.*

Dans les gardes-françaises, etc.

DONATIEN. Bon ! c'est la voix de Bergamotte, ma camarade aux Grands Danseurs du roi... un amour qui déménage, quoiqu'il demeure sous le même toit que moi, dans la loge des époux Rejimbard, les portiers de la maison dont j'occupe le sixième étage... Est-ce qu'elle viendrait me demander à déjeuner, par hasard ?

SCÈNE II.

DONATIEN, BERGAMOTTE.

BERGAMOTTE, *elle a sous le bras un panier qu'elle*

dépose sur la table (1)*.* Bonjour, mon petit Donatien !

DONATIEN. Bonjour, Bergamotte, bonjour !

BERGAMOTTE. Comme vous m'accueillez froidement, Monsieur.

DONATIEN. C'est que j'aurai oublié de faire du feu en me levant.

BERGAMOTTE, *s'asseyant près de la table.* Il s'agit bien de la température de votre chambre. Je parle de celle de votre cœur qui, il n'y a pas bien longtemps, égalait celle du Sénégal !... Oh ! j'ai de la mémoire.

DONATIEN. Joliment ! voilà déjà que tu oublies de me jeter un œil de poudre, quand tu sais que, chaque matin, je t'attends pour ça !

BERGAMOTTE. Vous oubliez bien de m'embrasser, vous, quand vous savez que chaque matin...

DONATIEN. C'est vrai ! (*Il l'embrasse.*) Cette chère Bergamotte. (*A part.*) Il ne faut pas qu'elle soupçonne.

BERGAMOTTE, *tendant le cou.* Rien qu'un ! (*A part.*) il paraît que les suppléments sont supprimés !... Est-ce qu'il y aurait faillite prochaine ?... ça donne à réfléchir.

DONATIEN, *qui a mis un peignoir, lui tendant la boîte à poudre et allant prendre un cornet qu'il se met devant le visage.* Le directeur exige que tout l'orchestre soit poudré, c'est ruineux. (*Il place une chaise au milieu du théâtre et s'assied.*)

BERGAMOTTE, *le poudrant.* Voyons, gare aux yeux ! (*A part.*) Se douterait-il de mes projets ? Dame ! un vieux baron qui me courtise, c'est tentant. (*Elle chante haut.*)

La maîtresse de Blaise ;
Est bien mal à son aise (*bis.*)
Tra là, là, là, là.
(*Finissant haut.*)
Te v'là poudret.

DONATIEN. Ah ! ça, tu es donc toujours gaie, toi ? tu chantes donc sans cesse, comme les serins de madame ta mère ?

BERGAMOTTE. Dame ! c'est mon état... ne suis-je pas un des ornements des Variétés amusantes, et n'aspir-je pas à débuter dans l'Opéra-Comique ?

DONATIEN. Comment as-tu dit ça ?

BERGAMOTTE. Je dis : n'aspir-je pas à débuter dans l'Opéra-Comique.. là. (*Elle reporte la boîte à poudre*) (2).

DONATIEN. J'avais bien entendu. Eh, bien !... et mes cadenettes ?

BERGAMOTTE, *les lui arrangeant..* Je suis sûr que mon petit Donatien a quelque confidence à me faire. (*A part.*) Comme ça je connaîtrai le diapason de son amour.

1 Don. Ber.
2 Ber. Don.

DONATIEN. Une confidence !.. et sur quoi ?

BERGAMOTTE. Je lis dans tes yeux que tu brûles de m'apprendre pourquoi, depuis environ un mois, tu t'absentes si fréquemment dans la journée... et comment il se fait qu'avant-hier, tu te sois trouvé après minuit, sur le quai de Billy, où tu as sauvé des mains de trois filous ce vieillard anonyme ?

DONATIEN. Mademoiselle Bergamotte, quoique je n'aime pas les questions indiscrètes, je veux bien répondre à vos deux ci-dessus.

BERGAMOTTE. J'écoute.

DONATIEN, *se levant et remettant la chaise près de la table.* Primo : Je sors de grand matin, et je reste absent toute la journée, parce que je fais un cours de musique au bois de Boulogne. (*Il prend une petite glace à main et s'arrange la tête.*)

BERGAMOTTE. Ah ! tu donnes des leçons de basson aux rossignols.

DONATIEN. Secundo : Si je me suis trouvé en contact sur le quai de Billy avec un vieillard et trois filous au milieu de la nuit, c'est que j'y faisais une expérience.

BERGAMOTTE. De physique ?

DONATIEN. Justement... je voulais m'assurer si la Seine marche pendant la nuit, comme pendant le jour, sans se reposer... ce qui me semble absurde, parce que, quand on a un lit toujours à sa disposition... si on ne veut pas s'en servir, on devrait au moins le céder à ceux qui n'en ont pas, et qui en profiteraient !.. comprends-tu le dythirambe ?

BERGAMOTTE. Je comprends qu'il faut que je ne comprenne rien !

DONATIEN. Alors, nous nous comprenons. (*Il remonte au fond, ôte son peignoir et serre sa glace à main.*)

SCÈNE PREMIÈRE.

BERGAMOTTE. Parfaitement ! je suis fixée... (*A part.*) Le baron est en hausse. (*Haut.*) Tiens, Donatien, je crois que nous ferons mieux de déjeuner.

DONATIEN, *revenant à elle.* Déjeuner ! et de quoi ? folle enfant !

BERGAMOTTE. Tu es toujours embarrassé. (*Montrant son panier.*) Regarde.

DONATIEN, *regardant dedans.* Un pain mollet et une tranche de pâté à l'aune... suis-je aux noces de Gamache ? (*Il débarrasse le panier.*)

BERGAMOTTE, *allant au buffet.* En avant le couvert ! (*Ouvrant le buffet.*) Une seule assiette cassée, en deux.

DONATIEN, *prenant les morceaux et les mettant sur la table.* La moitié pour chacun.

BERGAMOTTE, *même jeu.* Une fourchette orpheline...

DONATIEN, *de même.* Et bien jeune encore ; car il lui manque sa dent de lait.

BERGAMOTTE. Plus un couteau.

DONATIEN. Nous nous le repasserons.

BERGAMOTTE. Ça ne lui sera pas inutile, de le repasser, vu qu'il est un peu ébréché.

DONATIEN, *ayant dressé la table et l'examinant.* Ah! ça prend tournure...

BERGAMOTTE. Tiens, je retrouve dans l'armoire six noix sèches...

DONATIEN, *les prenant.* Ça doit venir du locataire qui m'a précédé... je ne commets pas de ces folles dépenses...

BERGAMOTTE, *gaiement.* Et une carafe d'eau claire et sans mélange... pour exciter la joie des convives. *(Elle la met sur la table (1).*

DONATIEN, *à part.* Comme la débine vous rapproche!... c'est drôle, par moments, je ne suis pas bien sûr de ne plus l'aimer.

BERGAMOTTE. Marquis, vous êtes servi.

DONATIEN. Alors, la main aux dames. *(Il la prend par la main et la conduit à la table.)* Noce et festin!... la séance est ouverte!... *(Ils s'asseyent (2).*

Air : *Voici mon oncle Lajonchère.*

Allons, allons, sus à l'ambroisie! ...

BERGAMOTTE.

Mais, donne-moi donc le couteau...

DONATIEN.

Quel pâté plein de poésie!
Oh! le charmant pain de gruau!
Oui, tout mon estomac palpite
En voyant ce brillant couvert,
(Il l'embrasse.)

BERGAMOTTE.

Mais douc'ment donc; n'va pas si vite...
N'commençons pas par le dessert...

(On frappe.) On frappe... qui vient là?

DONATIEN. Il y a un moyen de le savoir. Entrez!

SCÈNE III.

LES MÊMES, DEUX MARMITONS, *portant une ...*

UN MARMITON. M. Donatien?

BERGAMOTTE. Vous parlez à son auguste personne.

LE MARMITON. Alors, c'est pour vous ce déjeuner.

DONATIEN. Quel déjeuner?... Qu'est-ce que c'est?

BERGAMOTTE, *étonnée.* Tu as commandé un déjeuner?

DONATIEN. C'est possible, mais c'est peu probable.

LE MARMITON. Oh! tout est payé.

DONATIEN. Hein? c'est payé... alors c'est pour moi. *(Ôtant son morceau de pâté et tout ce qui est sur la table.)* Ceci, pour le chat de la voisine.

(Les marmitons dressent deux couverts et couvrent la table de plats et de bouteilles.)

BERGAMOTTE, *bas, à Donatien, en l'amenant sur le devant, à gauche (1).* Mais, encore faudrait-il savoir?

DONATIEN. Imprudente!... Mangeons d'abord... nous nous informerons après... Eh bien! marmitons... ce déjeuner... Vois donc quel coup d'œil!

LE MARMITON. Monsieur est servi.

DONATIEN, *les congédiant.* C'est bien, sortez... *(Prenant la main de Bergamotte (2).* Alors, la main aux dames... Second acte... l'intérêt de la pièce va grandissant.

BERGAMOTTE. Oh! que ça sent bon! Du homard, des truffes, du champagne... et deux couverts!

DONATIEN, *étonné.* Deux couverts!

BERGAMOTTE. Monsieur Donatien, voici un second couvert qui me paraît louche.

DONATIEN. Et à moi donc!... A moins que notre amphytrion ne te connaisse... mais le diable m'emporte si je soupçonne qui ça peut être.

BERGAMOTTE. Ta parole vraie?

DONATIEN, *s'asseyant, ainsi que Bergamotte.* Aussi vrai que voilà un verre plein et que je bois à la santé dudit amphytrion. *(Il élève son verre.)*

SCÈNE IV.

DONATIEN, BERGAMOTTE, BONIFACE.

BONIFACE, *paraissant à la porte du fond.* Merci pour lui, jeune homme...

BERGAMOTTE. Monsieur Boniface!

DONATIEN, *se levant.* Mon petit vieux du quai de Billy!

BONIFACE. Eh! mais je ne fais pas erreur... Bergamotte!...

DONATIEN. Comment, vous vous connaissez?

BERGAMOTTE, *bas, à Donatien.* Je crois bien!... le propriétaire de la maison.

DONATIEN, *allant à Boniface (3).* Ah bah! vous seriez?...

BONIFACE. Dame! il faut bien être quelque chose.

DONATIEN. Excusez si je ne vous ai pas reconnu tout de suite... ça vient peut-être de ce que depuis dix-huit mois que je perche dans vos mansardes, j'ai négligé d'avoir aucune espèce de relation avec vous.

BONIFACE. Excepté sur le quai de Billy.

DONATIEN. Ne parlons pas de ça... ça troublerait ma digestion.

BONIFACE. C'est vrai!... vous étiez en train de

---

1. Don. Ber.
2. Ber. Don.

1. Ber. Don. les marmitons.
2. Ber. Don.
3. Bon. Don. Ber.

déjeuner. (*S'approchant de la table* (1). Il paraît que mes locataires ne se nourrissent pas trop mal.

BERGAMOTTE, *bas, à Donatien.* Il vient peut-être te réclamer le dernier terme.

DONATIEN, *à part.* Ce serait injuste... le premier attend depuis bien plus longtemps.

BONIFACE. Du homard... du champagne... des truffes... diable !.. et une jolie fille pour vous tenir tête.

BERGAMOTTE. Par exemple !.. M. Donatien me donne des leçons de chant.

BONIFACE. Que tu lui payes?..

BERGAMOTTE. Dame ! comme je peux.

DONATIEN. Et elle ne manque pas de cette monnaie-là (2). Mais tout ça ne me dit pas ce qui me procure l'honneur de votre visite.

BONIFACE. Je viens tout simplement vous demander à déjeuner en ami...... pour faire plus ample connaissance avec vous.

DONATIEN, *mettant sa chaise à gauche de la table.*) Vraiment? Asseyez-vous bien vite.

BONIFACE, *s'asseyant.* Allons, Bergamotte, allons...

BERGAMOTTE. Quoi ! vous voulez?..

BONIFACE. Je n'accepte qu'à cette condition.

DONATIEN. Bravo !.. Venez ici, Bergamotte, et remerciez convenablement le propriétaire de vos père et mère... celui qui leur a fait la position sociale qu'ils occupent. (*Ils s'asseyent, et Bergamotte emplit les verres.*)

BERGAMOTTE, *avec enthousiasme.* A la santé de M. Boniface !

DONATIEN. Au plus aimable des propriétaires !

BONIFACE. A votre jeunesse, mes amis, à votre gaieté... Cette mansarde, ce désordre, les beaux yeux de Bergamotte... Tout cela me ragaillardit !

BERGAMOTTE, *fredonnant.*

Nous n'avons qu'un temps à vivre
Amis, passons-le gaiment !

DONATIEN, *riant.* C'est mon élève ! une gaillarde qui consomme beaucoup plus qu'elle ne me rapporte... comme vous pouvez en juger... et je n'en ai pas d'autre. Ce qui vous explique, mon cher monsieur Boniface, pourquoi vous voyez si peu la couleur de mon argent !

BONIFACE. Est-ce que je vous en demande?., Ah bien ! oui, vous ne me devez rien !

DONATIEN, *à Boniface.* S'il vous plaît?

BERGAMOTTE, *étonnée.* Est-ce une farce ! jouonsnous Arlequin propriétaire?

BONIFACE. Il y a trois jours que je suis payé intégralement... et la preuve, c'est que voilà vos quittances.

1. Don. Ber. Bon.
2. Ber. Don. Bon.

DONATIEN, *se levant pour prendre les quittances; il chancelle.* Ah! Bergamotte, soutiensmoi, nous tombons dans les Mille et une Nuits. (*Il retombe sur sa chaise.*)

BERGAMOTTE. Donatien, ne m'as-tu pas dit souvent que tu ignorais ta famille !.. Eh bien ! je te soupçonne d'être le fruit de quelque pacha de Turquie, dont la tendresse mystérieuse se traduit en perdreaux truffés, et en quittances de termes... voilà mon opinion !

DONATIEN. Et ton opinion fait honneur à ton imagination. Mais, si faute d'une filiation complète, je m'appelle Donatien tout court.... j'ai du moins connu ma mère qui n'avait rien de mahométan, la pauvre chère femme !

BONIFACE. Et vous l'avez perdue depuis longtemps ?

DONATIEN. J'avais cinq ans lorsque ce malheur m'arriva, et qu'on me flanqua à la porte de la maison qu'elle habitait.

BERGAMOTTE. Pauvre garçon !

DONATIEN. Oh! je me la rapelle bien, allez !.. si bien que je la vois encore... elle et tout ce qui lui appartenait.

BERGAMOTTE. Tu n'avais que cinq ans, et tu te rappelles sa tournure?.. sa physionomie?.. sa taille?..

DONATIEN. Est-ce qu'on s'inquiète jamais si sa mère est grande ou petite... blonde ou brune? une mère, c'est une mère !.. c'est-à-dire ce qu'il y a de plus beau et de meilleur en ce monde !.. Ah! c'est le seul bonheur que le ciel m'ait donné que ce souvenir !.. Tout est là et là. (*Il montre sa tête et son cœur.*) Mais comme je pleurerais si j'en contais d'avantage... assez causé là-dessus... allons, Bergamotte, casse les goulots, ma fille! et ne laissons rien au fond des plats ni des bouteilles.

BERGAMOTTE, *versant.* C'est ça. Vive la joie et les propriétaires !..

ENSEMBLE.

Air : *Tin, tin* (Breda Street).

Buvons à verre plein
Afin de nous mettre mieux en train.
Buvons jusqu'à demain,
Et répétons un joyeux refrain.

BONIFACE.

Quel gai repas !

BERGAMOTTE.

Pour aujourd'hui
Il faut d'ici bannir l'ennui.

DONATIEN.

Pas de terme à notre gaîté
Puisque le nôtre est acquitté.

REPRISE.

Buvons à verre plein; etc.

BERGAMOTTE, *se levant.* Minute ! Il ne faut pas que le champagne nous fasse perdre la trémontane ! Donatien, sur le carré, à côté de nous, n'y a-t-il pas une pauvre femme qui a trois enfants et

Qui plus d'une fois a partagé sa soupe avec nous?

DONATIEN. Compris, Bergamotte!.. Tiens, prends ce poulet... et ce joli pain blanc!

BONIFACE. Mais, vous, demain?

DONATIEN. Demain... je rentre dans mes habitudes!

BERGAMOTTE, *bas, à Donatien.* Il a peut-être à te causer... je vous laisse! (*Haut.*) Au revoir monsieur Boniface ; dites donc, ne vous accoutumez pas à des déjeuners comme ça... on n'en voit ici que les jours de comète.

REPRISE EN CHŒUR.

Buvons à verre plein, etc., etc.

(*Elle sort reconduite par Donatien qui tient à la main un verre de champagne que Bergamotte avale au moment de sortir.*)

SCÈNE V.

DONATIEN, BONIFACE.

DONATIEN, *revenant s'asseoir.* Maintenant, à nous deux, monsieur Boniface...

BONIFACE, *avec émotion.* Tenez, Donatien, vous êtes un brave jeune homme... et Bergamotte est une bonne fille... Vous m'inspirez une amitié que je veux vous prouver à l'avenir, mieux qu'aujourd'hui.

DONATIEN. Ah! sacrebleu! je devine!.. papa Boniface, c'est vous qui êtes le pacha de Turquie!.. Et ce déjeuner...

BONIFACE. Ma foi, oui!

DONATIEN. Et ces loyers acquittés?

BONIFACE. Je suis, Dieu merci, assez riche pour ça!..

DONATIEN, *se levant ainsi que Boniface.* Laissez-moi vous contempler comme un camée antique, comme une chose d'Herculanum... votre main homme rare et généreux, voici la mienne! camée antique!..

BONIFACE, *lui serrant la main.* Et je la presse avec bonheur, comme celle d'un homme qui m'a bravement secouru l'autre soir... Pardieu! moi qui suis seul au monde, désormais j'aurai un ami!

DONATIEN. Et un solide... j'ose le dire... petit, mais féroce.

BONIFACE. Mais voyons, causons sérieusement... votre existence avec Bergamotte est chose peu catholique.

DONATIEN. C'est vrai!

BONIFACE. Vous lui êtes donc bien attaché?

DONATIEN. A qui?

BONIFACE. A Bergamotte?

DONATIEN. Bergamotte est une bonne fille que j'ai aimée parce que... à vingt-deux ans... Mais de Bergamotte, il n'est presque plus question dans mon cœur.

BONIFACE. Ah! ah!

DONATIEN. Ce n'est pas que je sois ingrat envers elle... mais que voulez-vous? Elle n'a que de la misère ici... Bergamotte rêve la fortune, et sans nous rien dire, nous songeons l'un et l'autre à une rupture prochaine.

BONIFACE. Vraiment?

DONATIEN. Il ne s'en faut peut-être pour Bergamotte que de l'épaisseur du premier billet de la caisse d'escompte qu'elle trouvera sur sa route.

BONIFACE. Eh bien! mon jeune ami, il faut rompre et tout de suite... sait-on comment finissent ces sortes de liaisons! Ainsi que vous, j'eus une amourette; savez-vous ce qui s'en suivit?

DONATIEN. Quoi donc?

BONIFACE. Je devins père... j'étais pauvre comme vous, Dieu sait toutes les souffrances que j'endurai! oh! alors je ne ris plus de ma misère, car j'avais à remplir un devoir sacré. Pendant un voyage que je fis pour gagner quelque argent la pauvre femme que j'avais rendue mère, mourut, et quand je revins, mon enfant avait disparu.

DONATIEN. Mais vous l'avez cherché... un enfant trouvé, ça se retrouve!

BONIFACE. Je devins riche : je fis, et je fais encore des recherches, mais toutes ont été inutiles!

DONATIEN. Pauvre père! comment, pas un indice, pas un détail qui ait pu vous mettre sur sa trace?

BONIFACE. Rien!.. oh! mais je ne me lasse pas... je chercherai tant, que peut-être le ciel me viendra en aide... et tenez, vous êtes jeune, actif, vous m'aiderez, n'est-ce pas?

DONATIEN. Oh! de tout mon cœur!

BONIFACE. Quant à vous, croyez-moi, rompez avec Bergamotte que le hasard a jetée dans une route où vous ne pouvez la suivre.

DONATIEN. Vous avez raison!.. d'autant plus... il faut bien vous le dire... d'autant plus que j'ai un autre amour.

BONIFACE. Ah! bah!

DONATIEN. Oh! mais un amour pur et chaste comme le souvenir de ma mère... une jeune fille charmante que j'ai rencontrée au bois de Boulogne en cueillant des paquerettes. Et...

BONIFACE, *souriant.*

« Et vous l'avez trouvée au beau milieu des fleurs,
« Où son éclat brillait entre toutes ses sœurs. »

DONATIEN. Tiens, c'est très-gentil ça... et je compléterai votre madrigal en ajoutant qu'elle se nomme Marguerite... Marguerite Bernard !.. Elle est fille d'un officier de marine, mort au service. La première fois que nous nous vîmes, ce fut tout à fait par hasard... La seconde fois, ce fut avec intention, et ainsi de suite... Il y a de cela un mois... Enfin j'obtins de lui rendre visite chez elle, à Passy, où elle demeure.

BONIFACE. Et courtisez-vous celle-là pour l'épouser au moins?

DONATIEN. Oh! je ne demande pas mieux, mais le puis-je? moi, pauvre petit musicien, sans avenir, sans fortune.

BONIFACE. Mais elle?

DONATIEN. La pauvre enfant est artiste peintre, et travaille pour subvenir à deux existences.

BONIFACE. Deux existences?

DONATIEN. La sienne et celle d'une tante qui demeure avec elle... une bonne vieille qui n'y voit que du feu... car elle est myope jusqu'à la cécité.

BONIFACE. Pardieu! vous me donnez envie de la connaître.

MADAME BERNARD, *en dehors.* Ah! grand Dieu! ah! grand Dieu! que c'est donc haut!

DONATIEN, *très-surpris.* Ciel! la voix de madame Bernard dans cette maison!.. que signifie?..

BONIFACE. Madame Bernard, la vieille tante?

DONATIEN. Juste!.. Vous qui demandiez à faire sa connaissance... (*Il court ouvrir la porte.*)

SCÈNE VI.

LES MÊMES, MADAME BERNARD.

MADAME BERNARD, *entrant.* Au sixième, cinquième porte du corridor... ce doit être ici... j'entre... me voilà... suis-je bien chez M. Donatien? (*A Donatien.*) Ah! bonjour mon cher Donatien.

DONATIEN (1). Madame Bernard, quel bon vent vous amène?

MADAME BERNARD, *montrant Boniface,* Monsieur est votre frère?

BONIFACE, *à part.* Ah! la bonne dame a la vue basse!

DONATIEN. Non, Monsieur est...

BONIFACE, *vivement et se rapprochant,* Son meilleur ami.

MADAME BERNARD, *le regardant sous le nez.* Excusez-moi, je ne vous avais dévisagé que de loin, et vous ne m'aviez pas paru si fané... je rends hommage à votre âge vénérable.

DONATIEN. Et mademoiselle Marguerite?

MADAME BERNARD, Elle se porte comme le Pont-Neuf... ah çà! mais, dites-moi, jeune homme, ça sent la salle à manger d'un Sardanapale chez vous.

BONIFACE. Nous déjeunions ensemble.

DONATIEN. En tête-à-tête.

MADAME BERNARD, *s'approchant de la table.* (1). Mais ils sont un peu truffés, dites donc, vos tête-à-tête.

DONATIEN. Mademoiselle Marguerite travaille toujours beaucoup?

MADAME BERNARD. Est-ce que ce n'est pas sa vie, à cette chère tourterelle. Mais il me semble, sans reproche, que j'ai bien gagné un siége.

DONATIEN, *lui apportant une chaise au milieu du théâtre* (2). Oh! pardon, mille pardons! madame Bernard!.. la joie de vous voir!..

MADAME BERNARD. Flatteur! (*Prenant le bras de Boniface*). Voyons, jeune homme, conduisez-moi, car je ne sais pas si vous le savez, mais votre soleil de Paris ne vaut pas le nôtre... et vous avez choisi pour vous loger une si triste maison...

BONIFACE, *la conduisant à la chaise.* Vous trouvez? après ça, trop heureux qu'elle me procure l'occasion de vous être agréable.

MADAME BERNARD, *s'asseyant.* Tiens, c'était vous, contemporain... merci.

BONIFACE, *bas, à Donatien.* Voilà une tante qui me paraît un peu excentrique.

DONATIEN, *bas.* La nièce a pris toutes les qualités, il n'en restait plus pour la famille. (*Haut* (3). Madame Bernard, peut-on vous offrir de vous rafraîchir?

MADAME BERNARD. Ma foi... j'accepterai sans façon un verre d'eau rougie... c'est rude à monter vos six étages. Le sixième surtout.

DONATIEN. Oh! s'il n'y avait pas les cinq autres le sixième ne serait rien. (*Lui donnant le verre d'eau rougie que Boniface s'est empressé de verser* (4).

MADAME BERNARD, *prend le verre; après avoir bu elle le rend à Boniface qui se trouve à sa gauche, en lui disant* (5). Éloignez-vous un peu, mon jeune ami... (*Elle emmène Donatien à gauche sur le devant.*) Dites donc, contemporain, je puis bien vous dire ça à vous, puisque vous êtes son intime; ce garçon... aime ma nièce.

DONATIEN, *souriant.* Ah bah!

MADAME BERNARD, *bas.* Taisez-vous donc! il s'imagine qu'on n'y voit pas; mais je suis venue ici pour m'assurer par moi-même de la position qu'il occupe dans le monde... Joli local, n'est-ce pas? Table excellente!.. quant à l'honnêteté...

DONATIEN. Oh!

MADAME BERNARD. Et quant aux mœurs... aux mœurs surtout?

DONATIEN. Oh! oh!

1. Bon. Don. mad. Ber.
2. Don. Bon. mad. Ber.
3. Bon. Don. mad. Ber.
4. Mad. Ber. Don. Bon.
5. Don. mad. Ber. Bon.

SCÈNE VII.

LES MÊMES, BERGAMOTTE.

BERGAMOTTE, *fredonnant au dehors.*
Qui veut savoir l'histoire entière
D'mam'selle Manon la couturière.

DONATIEN, *à part.* Bergamotte!

MADAME BERNARD. Quelle est cette voix de fillette?

BONIFACE, *à part.* Aïe! ça se gâte.

BERGAMOTTE, *entrant* (1). Tiens, une vieille!

MADAME BERNARD. Plaît-il? une...

DONATIEN, *vivement.* Ne faites pas attention, c'est ma femme de ménage.

BERGAMOTTE. Comment! comment!

BONIFACE, *bas, à Bergamotte.* Pas un mot, ou je mets à la porte tes honorés parents.

BERGAMOTTE. Hein? ça suffit!

MADAME BERNARD. Où avais-je les yeux, moi, qui la prenais pour une jeune gaillarde...

BERGAMOTTE. Mais il me semble...

BONIFACE, *bas.* Silence!

MADAME BERNARD, *à Donatien.* Mon cher Donatien, je suis à Paris pour une partie de la journée... c'est mon jour d'emplettes... J'ai voulu vous prévenir que je compte sur vous pour me reconduire à Passy.

BERGAMOTTE. A Passy!

BONIFACE, *la faisant passer à droite* (2). Silence!

MADAME BERNARD. Eh! eh! cela vous fait sourire, mauvais sujet.

DONATIEN, *très-gêné.* Certainement.

MADAME BERNARD. Au revoir donc, jeune homme, ne vous absentez pas et soyez prêt... Je remonterai en passant... (*A Boniface.*) Contemporain, offrez-moi votre bras, nous avons à causer..... Et puis cette maison est si mal bâtie...

BONIFACE. Mais je ne trouve pas.

MADAME BERNARD, *à Bergamotte.* Quant à vous, ma mie, je vous engage à être polie, rangée et économe, si vous voulez qu'on vous conserve dans vos vieux jours.

BERGAMOTTE. Oh! pour le coup!...

BONIFACE, *bas, à Bergamotte.* Silence!

MADAME BERNARD. Venez-vous, contemporain?

ENSEMBLE.

 Air: *Au revoir, mes petits agneaux.*

MADAME BERNARD.
Au revoir, jeune homme, au revoir,
Et soyez prêt, je vous en prie,
Nous partirons en compagnie,
Je vous retiens jusqu'à ce soir.

BERGAMOTTE.
Cette vieille qui vient le voir
Et qu'il traite comme une amie,

1. Mad. Ber. Don. Ber. Bon.
2. Don. mad. Ber. Bon. Ber.

Tout cela cache, je parie,
Un secret que je veux savoir.

DONATIEN.
Ah! pour moi quel charmant espoir!
Revenez vite, je vous prie,
Nous partirons en compagnie,
Je suis à vous jusqu'à ce soir.

BONIFACE, *à Donatien.*
Adieu mon cher, et bon espoir!
Tout ira bien, je le parie!
Vous allez revoir votre amie,
Soyez heureux jusqu'à ce soir.

(*Boniface sort avec madame Bernard.*)

SCÈNE VIII.

BERGAMOTTE, DONATIEN.

BERGAMOTTE, *furieuse.* Ah! enfin! je puis parler, et il n'y a plus personne pour me corner aux oreilles cet éternel silence!

DONATIEN. Bergamotte!...

BERGAMOTTE. Taisez-vous!... et répondez! Qu'est-ce que c'est que cette vieille momie qui va venir vous prendre pour vous mener à Passy?

DONATIEN. Une momie! Je vous engage à traiter cette dame avec plus de respect.

BERGAMOTTE. Serait-ce elle qui vous aurait envoyé ce déjeuner?

DONATIEN. Pour mes beaux yeux, n'est-ce pas?

BERGAMOTTE, *marchant à grands pas.* Les hommes sont si gredins! vous et votre vieux singe de propriétaire, vous vous entendez sans doute pour me tromper...

DONATIEN, *la suivant.* M. Boniface, un singe! Apprenez que c'est mon ami, et je ne souffrirai pas...

BERGAMOTTE. On sait le proverbe... dis-moi qui tu hantes, je te dirai qui tu fréquentes... Et Monsieur qui se permet de m'appeler femme de ménage! méchant croque-notes, va!

DONATIEN. Oh! c'est trop fort! Et si je ne me retenais... (*Il brise une chaise.*)

BERGAMOTTE. Vous osez menacer une faible femme!... Ah! les nerfs! les nerfs. (*Elle brise une autre chaise.*)

DONATIEN. C'est ça... Travaillons pour l'ébéniste.

BERGAMOTTE, *arpentant toujours la scène* (1). Et dire qu'il n'y a pas une glace, une pendule, quelque chose de précieux à briser!

DONATIEN. Bergamotte, je vous ai appelée femme de ménage, j'ai eu tort; mais après tout, je suis mon maître, et s'il me plaît d'aller à Passy...

1. Don. Ber.

BERGAMOTTE. Et s'il ne me plaît pas à moi ?

DONATIEN. Je m'en moque pas mal !

BERGAMOTTE. Ah ! le chenapan ! si j'avais su...

DONATIEN. Qu'auriez-vous fait ?

BERGAMOTTE. C'est mon affaire !... mais il en est temps encore et je vais... *(Fausse sortie.)* Ne me retenez donc pas, Monsieur, c'est inutile !

DONATIEN, *les mains dans ses poches.* C'est ce que je me disais...

BERGAMOTTE. Vous le voulez ? Une fois, deux fois... *(Tombant sur un siége près de la table.)* Ah ! que je suis malheureuse !.. il ne m'aime plus ! Je crois que je vais étouffer !

DONATIEN, *inquiet.* Bergamotte, dis donc, pas de bêtises ! *(Remplissant un verre de champagne.)* Respire un peu.

BERGAMOTTE, *poussant un soupir.* Ah ! *(Buvant le champagne que Donatien lui présente.)* Merci.

DONATIEN, *versant un second verre.* Respire encore.

BERGAMOTTE, *buvant.* Ça va mieux.

DONATIEN, *à part.* En ce cas, assez d'explications comme ça. Battons en retraite pour lui donner le temps de rentrer dans son assiette. *(Il s'esquive avec précaution.)*

~~~~~~

SCÈNE IX.

BERGAMOTTE, *seule, avec exagération.* Ah ! Donatien, si tu savais ce que la jalousie.. l'horrible jalousie procure de tortures au cœur brisé de la femme aimante dont l'exaltation... *(Regardant autour d'elle.)* dont l'e...xal..ta..tion.*(Se levant vivement.)* Eh bien ! il est parti !.. il est pa...arti ! *(Changeant de ton.)* Ma foi, tant mieux ! Bon voyage ! Il paraît qu'il en avait assez. Eh bien ! moi aussi ! *(Se versant à boire.)* Submergeons mon souvenir dans le champagne.

Air : *Faut l'oublier.*

Pour l'oublier, douce vengeance !
De mon âme éteignons les feux.
Ingurgitons ce vin mousseux ;
Champagne ! apaise ma souffrance.
   (Elle boit la moitié du verre.)
En vain, l'ingrat pour me railler
Viendra s'offrir à ma mémoire !
Mon philtre peut le défier ;
Et chaque jour, oui, j'en veux boire.
   Pour l'oublier (*bis.*)
Dieu sait ce qu'il en faudra boire
Pour parvenir à l'oublier.

(Elle vide son verre, s'assied et se verse de nouveau.)

Allons, encore un verre, et il ne sera plus question de rien... c'est drôle... on dirait de petits papillons roses qui voltigent autour de moi...

SCÈNE X.

SAINT-PHAR, BERGAMOTTE.

SAINT-PHAR, *entr'ouvrant la porte avec précaution.* J'ai vu sortir le petit souffle-bûche et me voilà, je tiens la donzelle. *(Il s'avance sur la pointe du pied.)*

BERGAMOTTE, *se croyant seule.* Bast ! adieu, Donatien, et que ce verre te serve d'épitaphe ! *(Elle lève son verre, et au moment où elle l'approche de ses lèvres, Saint-Phar le lui enlève.)*

SAINT-PHAR, *portant le verre à ses lèvres.* A la santé de la jolie Bergamotte.

BERGAMOTTE, *se retournant.* Vous ici, monsieur le baron. *(Elle se lève (1).*

SAINT-PHAR. En personne, oui, belle adorée !... venir chercher une tourterelle jusque dans le nid du tourtereau, voilà qui est original, j'espère !

BERGAMOTTE. C'est pas mal audacieux, savez-vous ?

SAINT-PHAR. Précisément... c'est ce qui me charme... Palsambleu ! Fronsac ! le grand Fronsac qui fut mon ami, et mon maître n'eût pas agi autrement... Ce sont là des tours de sa façon... Comme à lui, il faut au baron de Saint-Phar des enlèvements, un appartement à l'année à la Bastille, des gens bâtonnés et des coups d'épée sous les reverbères... heureux de les donner ou de les recevoir pour de jolis yeux comme les tiens. *(Il lui prend la taille.)*

BERGAMOTTE, *avec dignité.* Monsieur le baron, j'ai un père... une mère et un fiancé, je vous prie donc de me respecter.

SAINT-PHAR. Je me moque avec délices de ta famille et de tes... amants... Bergamotte, veux-tu me donner un baiser pour m'éviter la peine de le prendre ?

BERGAMOTTE. A quoi cela vous mènera-t-il, un baiser ?

SAINT-PHAR. Un baiser mène à deux baisers, palsambleu ! *(A part.)* Elle ne résiste pas trop. *(Il l'embrasse.)* Elle ne résiste même pas du tout. *(Haut.)* Bergamotte, écoute-moi.. Il y a trois jours, je venais de terminer l'invocation que j'ai l'habitude d'adresser au grand Fronsac, pour qu'il m'envoie chaque soir une conquête nouvelle... lorsque je te vis aux Variétés amusantes, tu étais en créole... Ah ! tu me fascinas, tu me mis le feu au cœur, et depuis ce moment, ventre-sâint-gris !.. je suis un incendie.

BERGAMOTTE, *reculant.* Gare les étincelles... prenez garde, monsieur le baron, ma garde-robe n'est pas riche.

SAINT-PHAR, *à part.* Nous y voilà...

1. Ber. St-Phar.
~~~~~~

Air : *Je m'en moque.*

Bergamotte,
Ma poulotte !
Je veux faire ton bonheur
Sur mon honneur !
Est bien sotte
Qui vivotte,
Comme un rat dans un grenier,
Quand on peut vivre au premier.
Pour m'y suivre aujourd'hui,
Dis un mot... celui-ci :
Oui.
Ne va pas trop longtemps
Me tenir en suspens,
En vain, avec moi l'on ruse,
Et ce que l'on me refuse
Palsambleu, moi je le prends !..
Bergamotte,
Ma cocotte !
Je veux faire ton bonheur
Sur mon honneur !
Accepte sans façon parures et toilette,
Du goût le plus recherché,
Fleurs, bijoux, carrosse, riche aigrette,
Et mon cœur par-dessus le marché.

BERGAMOTTE, *à part.*
Fleurs, bijoux, carrosse, riche aigrette,
Mais ce n'est pas un mauvais marché.

BERGAMOTTE, *vivement.* Ainsi, vous dites : diamants, bijoux et carrosse?

SAINT-PHAR. Le carrosse est en bas; franchis le seuil de cette mansarde et il te conduit dans ma nouvelle petite maison du Rempart, où tu trouveras riches étoffes, dentelles, soubrette, griffon anglais, coureur et parures de toutes sortes...

BERGAMOTTE. Assez! J'ai bien envie de vous prendre au mot.

SAINT-PHAR. Allons, prends mon bras et partons.

BERGAMOTTE. Permettez que je laisse un adieu à celui qui était, il y a un quart d'heure, maître de mon cœur. (*Elle va au buffet, en apporte un encrier et du papier, et se met à écrire à la table* (2).

SAINT-PHAR. Volontiers. (*A part.*) Elle a donné dans le piége... Elle ne se doute pas qu'elle n'est qu'une échelle de corde pour me faire arriver à un autre but... Ma foi, bien joué! n'est-ce pas, Fronsac?.. à Passy, maintenant.

BERGAMOTTE, *terminant sa lettre.* « Ce papier que je couvre de mes larmes. » Là. (*Elle trempe le bout de ses doigts dans le verre à Champagne et asperge sa lettre; pliant son billet et regardant Saint-Phar.*) Il est bien laid! mais pour une vengeance, c'est toujours assez bon ! (*Se levant tout à coup.*) J'entends des pas...

1. St-Phar. Ber.

SAINT-PHAR. Allons-nous-en.

BERGAMOTTE, *écoutant au fond.* Ce sont les pas de Donatien.

SAINT-PHAR. Ça devient piquant.... pas d'escalier dérobé?..

BERGAMOTTE. Pas moyen de lui échapper.

SAINT-PHAR. Je suis l'amant heureux... je dois me cacher... où?..

BERGAMOTTE. Je ne sais... Ah! dans ce placard... vite! vite!

SAINT-PHAR. Oui, cela n'est pas commun. (*Il ouvre l'armoire et fait des efforts pour y entrer.*) Je ne peux pourtant pas me mettre sur ces tablettes. (*Il ouvre le buffet et essaie d'y entrer.*)

SCÈNE XI.

LES MÊMES, DONATIEN.

DONATIEN, *entrant et le tirant par son habit* (1). Tiens, où allez-vous donc, Monsieur?

SAINT-PHAR, *se retournant.* Ah! pardon! je me trompais de porte.

DONATIEN. Vous seriez fort mal à votre aise... j'ai déjà essayé.

BERGAMOTTE. Donatien, écoute-moi sans colère !

DONATIEN, *très-froidement.* Est-ce que j'ai l'air d'un homme en colère? (*A Saint-Phar.*) Trouvez-vous, Monsieur? Permettez-moi de vous épousseter... vous êtes couvert de poussière.

SAINT-PHAR. Je dois confesser que vous prenez la chose en vrai gentilhomme, Monsieur!..

DONATIEN, *se posant.* Ah! j'ai l'air gentilhomme?

SAINT-PHAR. Votre nom!

DONATIEN. Je m'appelle Donatien.

SAINT-PHAR. Votre heure ?

DONATIEN. Regardez à votre montre.

SAINT-PHAR. Vous ne me comprenez pas... je vous demande votre heure, le lieu où il vous plaira de me rencontrer, les armes dont vous faites choix, et vos témoins?

DONATIEN, *comprenant.* Ah! bon!..

BERGAMOTTE. Ah! mon Dieu!.. un duel!

DONATIEN. Le lieu où il me plaira de vous rencontrer? Nulle part! les armes dont je fais choix? (*Montrant les poings.*) Les voici!.. Et mes témoins?.. Bergamotte, dans le cas où vous tiendriez à faire connaissance avec mes armes... (*Se posant.*) Petit... mais féroce...

SAINT-PHAR. Je trouve la chose originale... mais pas suffisamment talon-rouge... et je vous demanderai la permission... (*Il fait mine de sortir.*)

DONATIEN. Ah! vous préférez!.. à votre aise... excusez, si je ne vous reconduis pas. (*Le baron sort.*)

1. St-Ph. Don. Ber.

BERGAMOTTE. Eh bien! il s'en va comme ça!

DONATIEN. Ah! c'est juste. (*Appelant.*) Monsieur!

SAINT-PHAR, *reparaissant.* Plaît-il?

DONATIEN. Vous oubliez quelque chose.

SAINT-PHAR, *cherchant.* Quoi donc?.. mon mouchoir?.. ma tabatière?..

DONATIEN, *indiquant Bergamotte.* Non... Mademoiselle qui comptait sur votre bras.

BERGAMOTTE, *à part.* Ah! c'est ainsi?.. eh bien! va donc pour le bras du vieux céladon. (*Elle prend le bras de Saint-Phar.*)

SAINT-PHAR. C'est vrai... pardon, ma belle.

BERGAMOTTE, *avec affectation.*) Le carrosse est en bas, n'est-ce pas, baron?

SAINT-PHAR. Oui, il nous attend.

BERGAMOTTE. Partons donc, mon bon... au revoir, monsieur Donatien.

ENSEMBLE.

Air de la *Petite Bohémienne.*

SAINT-PHAR.

Grâce au ciel, sans orage,
Tout va bien... c'est charmant,
Pour mon cœur doux présage!
A Passy maintenant.

BERGAMOTTE.

Ah! malgré le présage
D'un avenir brillant,
Je sens là que j'enrage
De perdre mon amant.

DONATIEN.

Adieu donc, bon voyage!
Tout va bien, c'est charmant
Pour mon cœur doux présage!
A Passy maintenant.

(*Le baron et Bergamotte vont pour sortir.*)

SCÈNE XII.

LES MÊMES, BONIFACE, MADAME BERNARD.

BONIFACE, *passant devant Saint-Phar et saluant.* Monsieur... (*A Donatien.*) Mon ami, je vous ramène madame Bernard qui n'a pas voulu me quitter (1). (*Bas.*) Vos affaires vont parfaitement; c'est un mariage assuré.

MADAME BERNARD, *s'asseyant à gauche.* Ouf! Ah! les gueux d'étages!.. le sixième surtout. Je n'en puis plus.

DONATIEN, *à Bergamotte qu'il veut congédier.* Il me semble que nous sommes d'accord. Ainsi donc.... (*Il montre la porte* (2).

SAINT-PHAR. Oui, partons.

BERGAMOTTE, *le retenant.* Pas encore... je n'ai pas fait mes adieux à tout le monde, ici...

1. Mad. Ber. Bon. Don. — St-Phar et Ber., au fond, à gauche.

2. Mad. Ber. Ber. Don Bon. — St Phar, au fond.

MADAME BERNARD. Tiens, c'est la femme de ménage!... est-ce que vous la renvoyez, Donatien?

BONIFACE, *à Bergamotte.* Silence!

BERGAMOTTE, *avec explosion.* Ah! allez vous promenez avec votre silence! je veux parler, je prétends parler et je parlerai... (*Passant près de Boniface.*) Pour vous dire, à vous, monsieur Boniface, que quand on est une vieille ganache comme vous, on soigne ses rhumatismes sans se mêler des amours des jeunes gens. (*Allant à madame Bernard.*) Pour vous dire à vous, madame l'essoufflée, que quand on a la vue aussi basse, on porte des besicles, vous verriez peut-être alors que je ne suis pas une femme de ménage, et qu'on veut se moquer de vous comme on s'est moqué de moi.. (*Se retournant vers Donatien.*) Mais je vous le rends bien, mon petit chou de Donatien! (*Elle lui donne un soufflet; Saint-Phar rit aux éclats.*)

MADAME BERNARD. Hein? qu'y a-t-il?

DONATIEN, *allant à elle.* Ce n'est rien, madame Bernard... ce n'est rien.. (*Elle retombe sur sa chaise.*)

BERGAMOTTE, *allant prendre le bras de Saint-Phar* (1). Ah! ah! ah! Tableau!.. comme chez Audinot.

ENSEMBLE.

Reprise de l'air du chœur.

BERGAMOTTE.

Ah! malgré le présage, etc.

SAINT-PHAR.

Ah! pour moi sans orage
Tout va bien, etc.

DONATIEN.

Ah! grand Dieu! quel orage!
Plus d'espoir maintenant!
L'avenir me présage
Un triste dénoûment.

BONIFACE.

Recevoir cet outrage!
C'est scandaleux, vraiment,
A l'instant déménage,
Va-t-'en, petit serpent.

MADAME BERNARD.

Ah! pour moi quel outrage!
Plus d'espoir maintenant,
L'avenir me présage
Un triste dénoûment.

(*Bergamotte s'éloigne avec Saint-Phar pendant que madame Bernard s'évanouit; Boniface s'empresse de lui verser un verre d'eau rougie, mais en l'apportant il se heurte contre Donatien, qui prend le verre et le boit.*)

1. Mad. Ber. St-Phar. Ber. Don. Bon.

FIN DU PREMIER ACTE.

ACTE DEUXIÈME.

Un petit salon modeste disposé en atelier de peinture; porte au fond; sur le devant, à droite, un guéridon; un peu au-dessus, un chevalet; du même côté une fenêtre; à gauche, sur le devant, une petite table à ouvrage; porte du même côté donnant dans l'intérieur. Ameublement fort simple; des tableaux, des bustes, des pinceaux, une palette, etc.

SCÈNE PREMIÈRE.

MARGUERITE, MADAME BERNARD, BRIGITTE.

(Madame Bernard, assise à gauche, tricote auprès de la table à ouvrage; de l'autre côté Marguerite, assise devant le guéridon travaille à un dessin. Brigitte est au fond, et achève de ranger.)

MADAME BERNARD. C'est singulier que je ne puisse pas trouver ma tabatière... voilà près de huit jours que je la cherche... Tu ne l'aurais pas aperçue, Marguerite?

MARGUERITE. Non, ma tante.

MADAME BERNARD. Et vous, Brigitte, vous ne l'auriez pas balayée par hasard?

BRIGITTE. Ah! Madame.

MADAME BERNARD, *cherchant autour d'elle.* C'est impatientant!.. m'aiderez-vous à la trouver cette tabatière? elle ne s'est pas envolée comme un papillon... *(Elle cherche toujours en travaillant.)*

MARGUERITE. Brigitte, allez arroser mes tulipes et mes rosiers du Bengale qui sont au fond du jardin...

BRIGITTE. Bien, Mademoiselle. *(Elle sort.)*

MADAME BERNARD. C'est diabolique!.. *(Appelant.)* Brigitte, regardez dans les allées du jardin, près du petit banc, si vous ne trouvez pas ma tabatière. *(Allant à Marguerite.)* Qu'est-ce que tu crayonnes là?

MARGUERITE, *retournant son dessin.* Je fais une tête de fantaisie. *(A part.)* Un portrait de souvenir! *(Haut.)* Il faut bien toujours travailler un peu...

MADAME BERNARD. Pauvre chérie!.. c'est qu'il ne te vient plus beaucoup de portraits depuis quelque temps; le goût des arts se perdrait-il à Passy!..

MARGUERITE. J'en ai refusé un, ma tante.

MADAME BERNARD. Comment?

MARGUERITE, *se levant.* Plusieurs fois déjà un homme d'un certain âge s'est présenté à notre porte, et a beaucoup insisté pour être introduit; je crois même que c'est un grand seigneur!

MADAME BERNARD. Tu l'as donc vu?

MARGUERITE. Oui, derrière ma persienne, mais j'avais bien défendu à Brigitte de le recevoir, parce qu'il venait toujours en votre absence.

MADAME BERNARD. Mais tu ne m'avais point parlé de cela.

MARGUERITE. A quoi bon?

MADAME BERNARD. Tu es d'un calme vraiment... Et qui te dit que ce prétendu grand seigneur n'est pas un voleur peut-être?

MARGUERITE. Je conviens qu'il a des manières un peu excentriques.

MADAME BERNARD. Marguerite, il faut quitter ce logis; notre position n'est plus tenable... Deux femmes isolées comme nous le sommes, dans une rue déserte, où il ne passe presque que des matous égarés... cela est dangereux.

MARGUERITE. Ah! si nous avions seulement un chien de garde!

MADAME BERNARD. Je préférerais de beaucoup un protecteur bipède.

MARGUERITE. Par malheur! il semble que tout le monde nous abandonne... jusqu'à M. Donatien qui se disait notre ami... et que nous n'ayons pas aperçu depuis huit grands jours.

MADAME BERNARD. Donatien!.. encore un beau godelureau!..

MARGUERITE. Que voulez-vous dire, ma tante, et qu'a-t-il fait ce pauvre jeune homme?

MADAME BERNARD. Ce qu'il a fait?.. ça ne regarde pas les petites filles, mais je ne veux pas de cette protection-là.

MARGUERITE. Il ne viendra donc plus nous voir?

MADAME BERNARD. Jamais!.. je l'espère bien!..

MARGUERITE, *à part.* O ciel!

SCÈNE II.

LES MÊMES, DONATIEN, *en toilette.*

DONATIEN, *passant la tête par la porte.* Madame Bernard, s'il vous plaît...

MARGUERITE, *à part.* Lui!

MADAME BERNARD, *sans le reconnaître.* Donnez-vous donc la peine d'entrer, Monsieur. *(A Marguerite.)* C'est un portrait peut-être. *(A Donatien, en lui présentant un siège.)* Monsieur, je ne souffrirai pas que vous restiez debout.

DONATIEN, *s'asseyant* (1). Madame... comment donc... j'étais loin de m'attendre à un accueil aussi gracieux.

MADAME BERNARD. Hein! je connais le timbre de cette horloge...

MARGUERITE. C'est la voix de M. Donatien.

---

1. Mad. Ber. Don. Mar.

MADAME BERNARD. Donatien !.. Est-ce possible ! (*Retirant la chaise.*) Voulez-vous bien vous lever tout de suite... freluquet! Vous avez de l'audace, par exemple !

DONATIEN. Madame Bernard, je me rappelle qu'il a fait de l'orage, il y a huit jours ; mais après la pluie vient le beau temps, et j'ai osé franchir la barrière des Bons Hommes, en me disant : Madame Bernard est une bonne femme dont le cœur n'a pas de rancune.

MADAME BERNARD. C'est ce qui vous trompe, Monsieur ; ma nièce et moi, nous nous serions parfaitement passées de vous voir.

MARGUERITE. Oh! ma tante...

DONATIEN. C'est possible... mais il y a un objet dont vous vous seriez passée moins facilement, un objet que vous avez oublié chez moi et que je vous rapporte. (*Il lui présente sa tabatière.*)

MADAME BERNARD, *la prenant.* Ma tabatière !.. Ah! c'est différent, jeune homme... j'excuse... (*Elle prend une prise.*) votre visite... Oh! que c'est bon !

DONATIEN, *à part.* Je suis maître de la place.

MADAME BERNARD. Oh! que c'est donc bon !... (*Elle éternue.*)

DONATIEN. Dieu vous bénisse !

Air : *Prêt à partir pour la rive africaine.*

A vos souhaits, Madame.
MADAME BERNARD.
                    Et vous de même
Que vos désirs, mon cher, soient accomplis.
DONATIEN, *bas, à Marguerite.*
Un mot gentil de la femme que j'aime,
Et de mon cœur tous les vœux sont remplis.

MADAME BERNARD, *les séparant* (1). Un instant !.. j'intercepte les communications.

MARGUERITE. Oh! mais voyez donc, ma bonne tante, comme M. Donatien est changé... Quelle tenue!

MADAME BERNARD. Il est dépenaillé, n'est-ce pas ?.. Est-il permis de se présenter dans un pareil négligé devant des dames!

MARGUERITE. Qu'est-ce que vous dites donc? il est superbe au contraire...

MADAME BERNARD. Allons donc!

DONATIEN (2). Dame! il faut bien élever sa toilette à la position sociale qu'on occupe. J'ai sur moi pour soixante-dix-sept livres d'effets tout neufs. Je ne sais pas si ça paraît, mais c'est comme ça.

MADAME BERNARD. Il vous est donc arrivé un héritage ?

DONATIEN. Mieux que ça.

MADAME BERNARD. Mieux !.. Deux héritages... alors ?

1. Don. mad. Ber. Mar.
2. Mad. Ber. Don. Mar.

DONATIEN. Bah ! il n'y a rien de plus commun que de faire des héritages... cela peut arriver au premier venu qui a des parents riches... tandis que bien peu de gens peuvent se vanter qu'étant pauvres, un ami véritable soit monté jusqu'à leur grenier pour leur dire : voilà ma main, pressez-la dans la vôtre, voilà ma bourse, puisez-y tant que vous voudrez... c'est un peu fermier général, ça... n'est-ce pas, mademoiselle Marguerite ?

MARGUERITE. Mais cela nous reporte au temps des bonnes fées.

DONATIEN. Justement, et ma bonne fée s'est offerte à moi sous la figure d'un brave homme, en frac canelle un peu râpé ; au lieu d'une baguette, elle porte une canne à bec à corbin, un chapeau lampion et des boucles d'argent, et elle m'a dit d'une voix céleste, quoi qu'elle parle un peu du nez : « Donatien, je t'ai éprouvé... tu as bon cœur... Je te nomme mon premier basson ordinaire..... et je me charge de ton bonheur futur. »

MADAME BERNARD. Hum ! je crois peu à toutes ces sornettes.

DONATIEN, *faisant sonner de l'argent dans son gousset.* Et croyez-vous à ces sonnettes?.. D'ailleurs, vous la verrez, ma bonne fée... je veux dire mon brave homme de protecteur... Je lui ai parlé de vous ; il viendra vous rendre visite aujourd'hui même.

MADAME BERNARD. Permettez! permettez, je me défie des nouvelles connaissances, moi... et quelquefois des anciennes. Monsieur Donatien, vous m'avez rapporté ma tabatière, ça mérite une récompense honnête. Voici l'heure de ma promenade quotidienne... Je vous autorise à m'accompagner, nous causerons.

DONATIEN. Avec bien du plaisir, ma bonne madame Bernard... Oui, nous causerons de l'avenir, n'est-ce pas ? Ah ! j'ai de si jolis projets d'avenir ! des projets blonds et roses. (*Il regarde Marguerite.*)

MADAME BERNARD. Nous causerons d'abord du passé... (*Bas.*) de certaine femme de ménage...

DONATIEN. Ah! madame Bernard, n'allez-vous pas supposer ?

MADAME BERNARD. J'ai vu ce que j'ai vu.

DONATIEN. Vous avez la vue basse, prenez garde, une méprise, un quiproquo... Je vous expliquerai ça, mais pas devant elle !

MARGUERITE. Qu'ont-ils donc à se parler bas?

MADAME BERNARD. Allons, partons. Toi, mon enfant, travaille, je ne serai pas longtemps. (*A Donatien.*) Allons, saluez ma nièce... Et toi Marguerite, de la dignité, mon enfant !.. c'est tout ce qu'il mérite (*A part.*) jusqu'à nouvel ordre!

MARGUERITE. Monsieur !.. (*Bas.*) A bientôt.

DONATIEN, *allant à elle.* A bientôt !

MADAME BERNARD.

Air de la *Biche aux Bois.*

Je saurai tout !

DONATIEN.

Oui, sur l'honneur !
Je ne veux rien taire.

MARGUÉRITE.

Pourquoi ce mystère ?
Je tremble et j'espère !

DONATIEN, *à madame Bernard.*

De vous dépend tout mon bonheur !

MADAME BERNARD.

Tâchez de me plaire !

DONATIEN.

Oui, je veux tout faire
Pour mériter son cœur !

(Il sort avec madame Bernard.)

SCÈNE III.

MARGUÉRITE, *seule, elle va s'asseoir devant le guéridon.*

Pourquoi cette bouderie d'abord, contre M. Donatien?.. puis ces conversations à voix basse ? Et que pouvaient-ils se dire ainsi ? Je m'en doute bien, ou plutôt je le sais... Je n'ai rien entendu, mais mon cœur m'a répété toutes leurs paroles... La fortune n'a point changé Donatien ; il m'aime toujours, j'espère, et ces projets d'avenir dont il parlait en me regardant.... car je l'ai bien vu , quoique j'eusse les yeux baissés, en ce moment-là..... Allons, achevons ce portrait que ma tante a failli surprendre... celui de Donatien..... N'est-ce pas, Monsieur, que je devine ? et qu'en ce moment vous parlez à ma tante de votre amour pour Marguérite?.. Voyons, répondez....

Air du *Fleuve de la vie.*

Ce portrait que ma main caresse,
Je crois vraiment qu'il m'a souri
Et qu'il me dit avec tendresse:
C'est l'image de ton mari !
A cet avenir, dois-je croire ?
Oh ! non ! je n'ose m'en flatter...
Non, à moins que sans m'en douter
Je sois peintre d'histoire.

SCÈNE IV.

MARGUÉRITE , SAINT-PHAR , *puis* BERGA-MOTTE, *et* DEUX LAQUAIS.

SAINT-PHAR, *dans la coulisse.* Par ici, baronne, par ici.

MARGUÉRITE. Qui donc ?... Ciel ! encore cet homme !

SAINT-PHAR, *entrant.* Pardonnez-moi, Mademoiselle... Je n'ai trouvé personne pour m'annoncer ! (*A part.*) Oh ! plus charmante encore de près !

(*Haut.*) Je vais avoir l'honneur de vous présenter madame la baronne de Saint-Phar, ma femme !

MARGUÉRITE. Sa femme ! cela me rassure !

BERGAMOTTE, *suivie de deux laquais qui restent au fond* (1). Eh bien ! baron , à quoi pensez-vous donc de me laisser seule ainsi ? vous courez comme un cerf, ma parole !.. (*Saluant.*) Belle demoiselle... (*A part.*) Je ne comprends rien à sa fantaisie baroque.

MARGUÉRITE, *lui approchant une chaise.* Si madame la baronne veut bien s'asseoir...

BERGAMOTTE, *s'asseyant.* Ce n'est pas de refus, quoique je sois venue dans mon carrosse... (*Regardant autour d'elle.*) Tiens, c'est ce qu'on appelle un atelier de peintresse ?..

SAINT-PHAR, *toussant.* Hum ! hum ! (*Allant en riant à Marguerite* (2). De peintresse est charmant. C'est la portière de la maison voisine qui vous désignait ainsi... tout à l'heure... quand nous cherchions votre demeure.

BERGAMOTTE, *bas.* J'ai donc dit une bêtise ?

SAINT-PHAR, *de même, en retournant à sa place.* Une flamboyante.

BERGAMOTTE, *à part.* Ma foi, tant pis ! (*Haut.*) Baron, faites sortir ces gens-là ! allez, laquais. (*Bas, à Saint-Phar.*) Est-ce bien ainsi ?

SAINT-PHAR. Très-bien !.. (*Il fait signe aux valets de sortir.*)

MARGUÉRITE. Puis-je savoir ce qui me procure l'honneur?..

SAINT-PHAR. Je me nomme le baron de Saint-Phar.

BERGAMOTTE, *s'éventant.* Et moi, la baronne de Saint-Phar, rien que ça... (*A part.*) Comme il la reluque !...

SAINT-PHAR. Mademoiselle, je suis de plus officier de cavalerie.

MARGUÉRITE. Monsieur, je ne peins pas de tableaux de bataille.

SAINT-PHAR. Mademoiselle... (*A part.*) Palsambleu ! plus je la regarde, plus elle me paraît adorable ! (*Haut.*) Je suis votre voisin... j'ai une maison à Passy, où j'ai fort entendu parler de votre talent.

MARGUÉRITE. Monsieur...

BERGAMOTTE. C'est comme il le dit.

SAINT-PHAR. Demain je pars ; je m'éloigne à regret, hélas! de ma chère baronne.... (*Bas, à Bergamotte.*) Aie donc l'air attendri !.. (*Haut.*) que je quitte pour quelques mois... Et pour n'en être pas séparé tout à fait, j'ai recours à vos jolis doigts ; en d'autres termes...

MARGUÉRITE. Vous désirez avoir le portrait de madame la baronne ?

1. St-Ph. Ber. Mar.
2. Ber. St-Ph. Mar.
3. St-Ph. Ber. Mar.

SAINT-PHAR. Tout juste ! (*A part.*) Vertubleu ! que de grâces !

BERGAMOTTE, *à part.* Ces regards qu'il lui lance de côté me paraissent louches.

SAINT-PHAR. Nous avons peu de temps à vous donner.

BERGAMOTTE. Vous mettrez les morceaux doubles.

SAINT-PHAR. Aussi ne vous demanderai-je que quelques coups de crayon qui me rappellent les traits de ma baronne adorée, et je serai le plus heureux des hommes ! (*Bas.*) Fais donc semblant de t'attendrir.

BERGAMOTTE, *à part.* Pas si bête !

MARGUERITE. Je comprends... vous désirez une simple esquisse ?

BERGAMOTTE. Un trois quart, s'il vous plaît, un trois quart, pour que le baron emporte le plus possible de sa moitié.

SAINT-PHAR, *à part.* La buse ! (*Haut.*) Oh ! que c'est tendre !

MARGUERITE. Quelques instants me suffiront, monsieur le baron ; et si vous voulez bien m'attendre... je vais chercher ce qui me manque. (*A part en s'en allant.*) Ils ont l'air aussi bizarre l'un que l'autre ! (*Elle sort par la gauche.*)

SCÈNE V.

SAINT-PHAR, BERGAMOTTE.

SAINT-PHAR, *chantant.*
> La victoire est à moi,
> Saint-Phar par son courage...

BERGAMOTTE, *l'interrompant, en se levant.* Ah ça, baron, allez-vous m'expliquer enfin...

SAINT-PHAR. Tais-toi, et va toujours ton train.

BERGAMOTTE. Ce train, dont vous me faites aller dure depuis trop longtemps, et je suis décidée à m'arrêter en route.

SAINT-PHAR. Malheureuse, y songes-tu ?

BERGAMOTTE. Ecoutez donc, on se lasse de tout, et je veux savoir à quoi m'en tenir ; car ma position est trop équivoque... Il y a huit jours, sous prétexte de faire mon bonheur et de me gorger de félicités, vous me détournez... entre deux verres de champagne et après une querelle de ménage... Vous me fascinez, en m'annonçant qu'un carrosse m'attend à la porte... je vous suis, j'embrasse mes père et mère... et je monte dedans... je parle du carrosse... fouette, cocher ! me voilà roulant vers votre petite maison du Rempart.

SAINT-PHAR. Te voilà bien à plaindre.

BERGAMOTTE. J'y trouve bon gîte, bonne table, bon lit... des laquais m'escortent jusqu'à mon appartement, une soubrette me prodigue des flots de linge parfumé, et on me sert un dîner splen-

dide ; mais on me dit que le baron ne viendra point le partager... j'avais appétit, je dînai donc seule. Onze heures tintent à ma pendule, je me couche et je m'endors... le lendemain et le sur-lendemain je déjeune, dîne, soupe, me couche et me rendors... et toujours même solitude...

SAINT-PHAR. Mais émaillée de dentelles, de robes de velours et de soie.

BERGAMOTTE. Et de bijoux à profusion, j'en conviens ; j'avais le droit de puiser à pleines mains dans certain bahut où je choisis au milieu d'une collection de médaillons qu'on me dit être les portraits de toutes vos maîtresses, vieux fat ! celui-ci (*Elle montre un médaillon attaché à son corsage.*) qui me parut ravissant ! Mais je n'en demeure pas moins baronne... sans baron. Ah çà ! dans quel but m'avez-vous enlevée finalement ?

SAINT-PHAR. Tu le sauras.

BERGAMOTTE. Enfin le huitième jour, qui était ce matin... vous m'apparaissez à dix heures : vous vous asseyez très-gravement sur un canapé et vous me dites : « Dans une heure un carrosse viendra te prendre et te mènera à Passy. » Puis vous sortez sans m'adresser un mot galant, sans m'embrasser le bout des doigts !...

SAINT-PHAR. Continue, ton récit m'intéresse !

BERGAMOTTE. J'arrive à Passy, et vous me traînez dans cet atelier. Baron, je ne me suis pas destinée à jouer les emplois de Marionnettes ; vous allez donc m'expliquer quel est votre but, en me faisant peinturlurer par cette jeune fille, que vous regardiez avec des regards comme vous n'en ayiez pas pour moi.

SAINT-PHAR. Tout cela signifie, Bergamotte, que j'aime cette jeune fille.

BERGAMOTTE. Miséricorde ! Et moi donc ?

SAINT-PHAR. Toi, tu n'as été que le moyen dont je me suis servi pour pénétrer jusqu'à Marguerite.

BERGAMOTTE, *chancelant.* Patatras ! je dégringole du haut des tours Notre-Dame !.. Une chaise, s'il vous plaît !.. je suffoque d'indignation !..

SAINT-PHAR, *lui tapant dans la main, à part.* Nous connaissons ça... (*Haut.*) Seul, on ne m'admettait pas dans ce sanctuaire ! Escorté de ma femme, toutes les portes s'ouvrent devant moi... Tu le vois, c'est un tour à la Fronsac, palsambleu !

BERGAMOTTE, *avec force.* Vil chenapan ! quel rôle joue-je donc ici ?

SAINT-PHAR. Le rôle de grande dame !.. Parbleu ! n'es-tu pas comédienne ? Eh bien ! tu continues à exercer ici les petits talents.

BERGAMOTTE, *avec colère.* Mise ainsi dedans, moi ! Et vous ne craignez pas que je me livre à toutes sortes de fureurs sur votre perruque. (*Elle marche vers lui.*) Un tambour aux gardes y mettrait plus de formes !..

SAINT-PHAR. Eh ! ce n'est pas tout.

BERGAMOTTE. Encore !

SAINT-PHAR. Ton rôle n'est pas fini.

BERGAMOTTE. N'espérez rien de plus de moi, ou je dénonce vos projets.

SAINT-PHAR. Malpeste ! tes huit jours de cellule t'auraient-ils mise en goût de vertu ?

BERGAMOTTE C'est indigne !

SAINT-PHAR, *la menaçant*. Si tu t'avises de dire un mot, Bergamotte, je te signale au lieutenant de police, mon ami intime, et je te fais déporter à la Louisiane.

BERGAMOTTE. Et pour quelle raison ?

SAINT-PHAR. On te déportera comme femme... légère... Tu comprends. Écoute donc ce qui te reste à faire... Il faut que Marguerite apporte chez moi aujourd'hui même ton portrait... Quand elle sera dans ma maison, tu sortiras... le reste me regarde.

BERGAMOTTE. Mais c'est infâme ! c'est un guet apens !

SAINT-PHAR. Pas de scrupules ! ou sinon... la Louisiane... Et pendant la séance, pour capter sa confiance, à tout ce que je dirai, tu répondras : Oui... A ce prix tu auras ta liberté, ce soir tu emporteras cette belle toilette, tous tes bijoux, l'argent que tu as pu prendre déjà, et de plus cette bourse garnie de deux cents louis !.. C'est une compensation, j'espère, car enfin, tu ne m'aimais pas beaucoup.

BERGAMOTTE. Sapristi ! non !

SAINT-PHAR. Tu seras libre d'*aimer* à loisir ton Donatien.

BERGAMOTTE. Mais ce n'est pas une raison, vieux sapajou... pour me faire commettre une lâcheté.

SAINT-PHAR, *regardant à gauche*. Chut ! voici Marguerite... si tu hésites... gare à toi !

BERGAMOTTE, *à part*. Le misérable ! Et c'était pour cela qu'il me faisait attendre sa présence pendant huit jours. Donnez-vous donc la peine de vous faire enlever !

<hr>

SCÈNE VI.

LES MÊMES, MARGUERITE.

MARGUERITE, *rentrant avec un grand carton*. Je vous demande mille pardons, madame la baronne, de vous avoir fait attendre. (*Elle va à son chevalet* (1).

SAINT-PHAR. Nous sommes à vos ordres... ma toute belle, l'atelier est le royaume de l'artiste.

BERGAMOTTE, *à part*. Pauvre poulette, va !.. après ça, si j'en juge d'après moi-même, ça n'est pas dangereux, ses séductions.

MARGUERITE, *plaçant la chaise de Bergamotte au milieu*. Vous n'avez que peu d'instants à me donner... Si nous nous mettions vite à l'œuvre.

BERGAMOTTE, *s'asseyant*. C'est ça, dar !.. dar !

SAINT-PHAR, *bas, à Bergamotte*. N'oublie pas !..

MARGUERITE, *devant son chevalet*. Je suis toute confuse, monsieur le baron, que vous ayez pensé à moi... pauvre artiste inconnue !..

BERGAMOTTE. Oh ! pas si... pas si... que vous le dites.

MARGUERITE. Madame la baronne est bien bonne !..

SAINT-PHAR, *bas, à Bergamotte*. C'est ça, va toujours !.. (*Haut, à Marguerite.*) Vous pourrez achever le portrait sans le modèle, n'est-ce pas ?

MARGUERITE, *tout en dessinant*. Oh ! certes ! une fois que les traits principaux seront bien arrêtés... Veuillez tourner la tête un peu plus à droite, madame la baronne.

BERGAMOTTE, *à part*. Que ça me caressait agréablement l'oreille ce titre de baronne.

SAINT-PHAR, *à part*. Voilà le moment ! (*Haut, et regardant le travail de Marguerite* (1). Oh ! comme cela vient bien !.. Mademoiselle ! la confiance que j'avais dans vos talents se décuple et je veux vous prouver toute mon admiration.

BERGAMOTTE, *à elle-même*. Voilà qu'il vise le gibier !

MARGUERITE, *au baron*. Monsieur, je ne mérite pas...

SAINT-PHAR. Pendant mon absence ma chère baronne aura besoin de distractions ; elle avait exprimé le désir de se livrer à l'étude du dessin. (*Bas.*) Dis donc comme moi (2).

BERGAMOTTE. Oui, j'aimerais à faire des chaumières avec de petites poules guettées par un vieux renard.

SAINT-PHAR. Voulez-vous, Mademoiselle, lui servir de maîtresse ?.. (*Bas.*) Dis comme moi.

BERGAMOTTE, *répétant*. Voulez-vous, Mademoiselle, lui servir de maîtresse... non me servir de maîtresse ?

MARGUERITE. Un tel honneur, Madame...

BERGAMOTTE, *à part*. Vieux mécréant, va !.. Ah ! si je pouvais la prévenir.

SAINT-PHAR, *bas, à Bergamotte*.

Air de *Fleurette*.

Continue, et sois plus adroite,

BERGAMOTTE, *à Marguerite*.

Vous m'apprendrez donc le dessin ?

MARGUERITE.

Pardon, Madame... encore à droite.

BERGAMOTTE, *à part*.

Ah ! c'est trop fort !.. à gauche, à droite !
Je tourne comme un vrai pantin.

1. Berg. St-Ph. Mar.
2. St-Ph Ber. Mar.

SAINT-PHAR, *à Marguerite* (1).

Acceptez-vous ?..

MARGUERITE.

Moins que personne
Je ne puis, ni dois refuser.

SAINT-PHAR.

Ah ! merci !.. que vous êtes bonne !

BERGAMOTTE, *à part.*

C'est elle qui devient baronne,
Et c'est moi que l'on fait poser. *(bis.)*

SAINT-PHAR, *regardant le portrait.* Oh ! comme c'est bien son œil !.. oh ! ma bonne amie c'est tout ton œil ! *(Bas.)* Ne fais donc pas ton nez... *(Haut.)* Mademoiselle, si vous le voulez bien, vous commencerez vos leçons dès demain après mon départ... Quand vous aurez terminé le portrait, ce soir, vous aurez la bonté de l'apporter à la maison, dont voici l'adresse, et vous vous entendrez avec madame la baronne sur les conditions. *(Il pose une carte sur le chevalet.)*

MARGUERITE. Que de reconnaissance !..

SAINT-PHAR. Cela n'en vaut pas la peine.

BERGAMOTTE, *à part.* Je crois bien !..

SAINT-PHAR (2). Madame votre tante est sortie, Mademoiselle ? j'ai cru l'apercevoir...

MARGUERITE. Oui, avec...

BERGAMOTTE, *vivement.* Avec votre cousin ?

MARGUERITE. Je n'ai pas de cousin, Madame.

BERGAMOTTE. Ah ! tant pis ! une tante sans cousin, c'est incomplet... c'est une lorgnette sans verre. Je vous dis cela, parce que nous aurions voulu contribuer pour notre part à votre bonheur et...

MARGUERITE, *se levant.* Madame, nous pouvons lever la séance.

BERGAMOTTE, *se levant* (3). Merci, et vous comprenez, c'est si intéressant, un jeune couple, que nous aurions fait de notre mieux...

MARGUERITE, *émue.* Madame...

BERGAMOTTE, *à Saint-Phar.* Vous voyez bien qu'elle aime quelqu'un, cette pauvre enfant... ayez pitié d'elle !

SAINT-PHAR. Tant mieux ! morbleu ! Le bien d'autrui, c'est le meilleur ! *(Regardant par la croisée.)* Aïe ! la tante ! filons ! *(Haut.)* Dépêchons-nous, venez vite ! *(Il la prend par le bras et l'entraîne. A Marguerite.)* A bientôt donc le portrait, n'est-ce pas, Mademoiselle ? nous vous attendons...

MARGUERITE. Dans une heure, madame la baronne.

SAINT-PHAR, *bas, à Bergamotte.* Je suis le plus heureux des hommes !.

BERGAMOTTE, *bas.* Vous n'en êtes que le plus gredin !

1. Ber. St-Ph. Mar.
2. St-Ph. Ber. Mar.
3. Mar. Ber. St-Ph.

ENSEMBLE.

Air : *Allons, partons pour la Californie.*

SAINT-PHAR.

A bientôt donc, bientôt, Mademoiselle,
Nous attendrons ce précieux portrait ;
Tendre mari, j'implore votre zèle,
Vous comblerez mon plus ardent souhait.

BERGAMOTTE.

A bientôt donc, bientôt, Mademoiselle,
Nous attendrons ce précieux portrait,
Mon tendre époux compte sur votre zèle,
Vous comblerez son plus ardent souhait.

MARGUERITE, *à Saint-Phar.*

A bientôt donc, oui, comptez sur mon zèle,
J'irai chez vous remettre ce portrait,
J'ose promettre une esquisse fidèle,
De moi, je crois, vous serez satisfait.

(Le baron sort avec Bergamotte.)

SCÈNE VII.

MARGUERITE, *puis* MADAME BERNARD.

MARGUERITE, *seule.* Ce sont d'excellentes gens à tout prendre... un peu curieux peut-être... mais c'était dans une bonne intention... j'étais bien folle de soupçonner le baron de Saint-Phar...

MADAME BERNARD, *entrant* (1). Quels sont donc ce monsieur et cette dame que je viens d'apercevoir sortant par la grille ?

MARGUERITE. Ah ! ma chère tante, réjouissons-nous... un portrait qui m'est tombé des nues, et que j'achève. *(Elle se remet au travail.)*

MADAME BERNARD. Bah !

MARGUERITE. Et de plus, des leçons de dessin à donner à cette dame en l'absence du mari qui part demain... Ils habitent Passy... c'est le baron et la baronne de Saint-Phar.

MADAME BERNARD. Bravo ! ma petite Marguerite ! *(L'embrassant.)* voilà ce que c'est que d'avoir du talent !.. mais un bonheur ne vient jamais seul.

MARGUERITE. Qu'est-ce à dire ?

MADAME BERNARD. Donatien...

MARGUERITE, *allant à elle.* Eh bien ! êtes-vous satisfaite des explications qu'il vous a données !

MADAME BERNARD. J'avais une dent contre lui, tu sais. Eh bien ! c'était une fausse dent... il me l'a extirpée radicalement, il est pur comme l'eau de roche.

MARGUERITE. Pur ! de quoi ?

MADAME BERNARD. D'un tas de calomnies dont je lui avais chargé les épaules, il en est lavé... net..

MARGUERITE. Et pourquoi n'est-il pas revenu avec vous ?

1. Mad. Ber. Mar.

MADAME BERNARD. Tu le sauras! tu le sauras! oh! que je suis contente d'avoir trouvé dans M. Donatien un si brave et digne garçon... comme il est câlin! Hum! comme il rendra sa femme heureuse.

MARGUERITE. Il va donc se marier?..

MADAME BERNARD. Parbleu!.. tôt ou tard, j'entends!.. car il n'est pas question de ça entre nous. (A part.) Il faut être discrète.

MARGUERITE. Ah!

MADAME BERNARD. Toi aussi, va, tu te marieras.

MARGUERITE. Je... n'y... songe pas, ma tante.

MADAME BERNARD. Mais, moi, j'y pense pour toi.

MARGUERITE. Vraiment!

MADAME BERNARD. Crois-tu donc que je te veuille voir coiffer sainte Catherine?.. Non, non, tu seras la femme d'un brave et digne garçon... bien doux, bien câlin... et qui te rendra bien heureuse.

MARGUERITE. Mais ce mari-là ressemble beaucoup au portrait que vous faisiez tout à l'heure de M. Donatien?..

MADAME BERNARD. Je n'ai pas parlé de lui... je dis que j'espère mettre la main sur le cœur qui te convient; quand je l'aurai cherché. (A part.) Il faut lui laisser la surprise.

MARGUERITE, à part. Pauvre tante, qui croit se cacher de moi!

MADAME BERNARD. Je vais donner des ordres à Brigitte pour le dîner. Mais on vient, je crois. (Elle remonte au fond.)

SCÈNE VIII.
LES MÊMES, BONIFACE, DONATIEN.

DONATIEN. Allons donc, papa Boniface, arrivez donc!

BONIFACE (1). Que diable! je n'ai plus mes jambes de vingt ans.

DONATIEN, les présentant. Madame Bernard... Mademoiselle Marguerite... (Aux dames.) M. Boniface... (Se désignant.) M. Donatien...

MADAME BERNARD. Pas de cérémonies entre nous, contemporain; nous sommes déjà de vieilles connaissances... en revanche, je vous permets d'embrasser ma nièce... Et à vous, Donatien, voici mon front.

DONATIEN, à part. J'aimerais assez à changer de rôle avec le père Boniface. (Il l'embrasse.)

BONIFACE, après avoir embrassé Marguerite. Elle est charmante!

DONATIEN. Je crois bien!

MARGUERITE, à Boniface. Vous êtes trop indulgent, mais vous m'excuserez... j'ai une esquisse à terminer, une commande, et...

BONIFACE. Faites donc! faites donc, je vous prie... les affaires avant tout!

MARGUERITE, à part, au chevalet. Comme cela, j'entendrai tout sans avoir l'air d'écouter.

BONIFACE, prenant à part madame Bernard avec Donatien. Madame Bernard, Donatien est pour moi comme un fils; plus je le connais, mieux je l'apprécie, et je veux son bonheur!

MADAME BERNARD. Moi aussi.

BONIFACE. Eh bien! ce bonheur, je crois qu'il est ici... Qu'en dites-vous?

MADAME BERNARD. C'est mon avis! c'est mon avis!

BONIFACE. Et vous, Donatien?..

DONATIEN. Moi! je crois que mon bonheur... il est ici...

BONIFACE, à madame Bernard. Mais nous ne pouvons causer devant elle, n'est-ce pas?

MARGUERITE, à part. Je vois bien qu'il s'agit de moi!

MADAME BERNARD. Eh bien! descendons au jardin, nous y serons tout à notre aise.

BONIFACE. C'est cela! Tous trois. (En remontant.) Hum!.. hum!.. hum!..

MADAME BERNARD, appelant. Brigitte! Brigitte!.. Marguerite, tu vas faire hâter le dîner, et tu viendras nous rejoindre.

BRIGITTE, paraissant. Madame m'a appelée?

MADAME BERNARD (1). Vous prendrez les ordres de ma nièce.

MARGUERITE, se levant. Voilà qui est fini! mais il faut à présent que j'aille porter ce portrait.

DONATIEN. Tout de suite?

MARGUERITE. On l'attend.

BONIFACE. Voyons-le donc, ce portrait.

DONATIEN. Vous allez être émerveillé, papa Boniface, j'en suis sûr... attendez-vous-y!

MARGUERITE. Oh! ce n'est qu'une esquisse fort légère.

BONIFACE, allant au chevalet (2). Voyons toujours!.. Ah! grand Dieu!

MADAME BERNARD. Qu'y a-t-il?

DONATIEN, regardant à son tour. Ah! grand Dieu! Ai-je des bluettes?.. madame Bernard, prêtez-moi vos lunettes, ou jetez-moi du tabac dans les yeux.

MARGUERITE. Qu'avez-vous donc?

BONIFACE. Pas possible!

MADAME BERNARD. Tu leur as donc montré la tête de Méduse?

MARGUERITE. C'est pourtant bien le portrait de cette baronne qui est venue ici tantôt avec son mari.

1. Mad. Ber. Don. Bon. Mar.

2. Mad. Ber. Mar. Don. Bon. Brig., au fond.

BONIFACE. Ça, une baronne?

BONIFACE. Une baronne, ça coûte...

MADAME BERNARD. Auriez-vous quelque motif
de suspecter ce couple?...

BONIFACE. C'est-à-dire que...

DONATIEN. C'est surprenant de ressemblance.

MARGUERITE. Vous connaissez cette dame?

DONATIEN, *à part, regardant de plus près.* Ce
serait tellement fort... que cela est impossible.
(*Haut.*) Non, puisque c'est une baronne.

MARGUERITE. La baronne de Saint-Phar.

BONIFACE. On jurerait le portrait de Bergamotte.

MADAME BERNARD. Qu'est-ce, Bergamotte?

DONATIEN. L'héritière légitime des portiers de
M. Boniface.

MARGUERITE, *riant.* Ah! ah! ah!

MADAME BERNARD. Vous êtes fou!.. allons donc...
un simple caprice de la nature, qui en est pleine
comme une jolie femme (1).

MARGUERITE, *prenant le carton.* Au revoir,
Messieurs, je vais porter le portrait et je reviens.
Brigitte, vous m'attendrez.

BONIFACE. Vous dites que vous allez vous-même
chez le baron remettre cette esquisse?

MARGUERITE. Mais oui!...

BONIFACE, *à part.* Cette ressemblance n'est pas
un effet du hasard... Quel mystère y a-t-il là
dedans? je l'ignore, mais...

MADAME BERNARD. Eh bien! descendons-nous?
Donatien, votre bras.

DONATIEN. Voilà! voilà!

BONIFACE, *à Marguerite.* Et vous, prenez le
mien.

MADAME BERNARD, *à Brigitte.* Brigitte, ma fille,
il s'agit de vous distinguer...

BONIFACE, *bas, à Marguerite.* J'ai une petite re-
commandation à vous faire... à vous seule, au
sujet de ce portrait.

ENSEMBLE.

Air de la *Tentation.*

BONIFACE.

Cette bizarre ressemblance
A lieu de causer mon effroi)
Je dois agir avec prudence
En gardant mes soupçons pour moi.

DONATIEN.

Je m'abandonne à l'espérance!
Dans ma bonne fée ayons foi...
Boniface est la providence
Qui tendrement veille sur moi.

MARGUERITE.

Je m'abandonne à l'espérance!
J'en suis sûre, il s'agit de moi,

1. Brig. Mad. Ber. Don. Bon. Marg.

MADAME BERNARD.

Feignons le calme et l'ignorance,
Et dans leur tendresse ayons foi que dans...

MADAME BERNARD.

Laissons-la dans son ignorance. Il...
Chère enfant, je veille sur toi.
En acceptant cette alliance,
C'est faire son bonheur je crois, l'en-

(*Ils sortent tous; Marguerite emporte son carton.*)

SCÈNE IX.

BRIGITTE, *seule.* Comme c'est malin à deviner
le but de ce dîner où l'on me fait mettre les petits plats dans les grands..... un dîner d'accor-
dailles... Allons, Mademoiselle a trouvé un mari!
elle le mérite bien... et cela me fait regretter mon
temps perdu..... Ah! ce n'est plus moi qu'on y
reprendra, mais j'y reprendrai d'autres! Allons
faire mon ouvrage en attendant... (*Fausse sortie.*)
Tiens, la dame de ce matin!..

SCÈNE X.

BERGAMOTTE, BRIGITTE.

BERGAMOTTE, *entrant vivement.* Elle n'est plus
là... Mazette! est-ce que j'en serais pour mes
frais de locomotion? (*A Brigitte.*) Mademoiselle
Marguerite est-elle céans?

BRIGITTE. Je la crois au jardin, Madame.

BERGAMOTTE. Au jardin!... Eh bien! faites-moi
le plaisir d'aller voir si j'y suis... c'est-à-dire si
elle y est... il faut que je lui parle sur-le-champ...
sans tambour ni trompette.

BRIGITTE. Comment?

BERGAMOTTE. Mais allez donc, ma chère... et
plus vite que ça... Vous lui direz dans le tuyau
que... que c'est la baronne de Saint-Phar qui lui demande un colloque secret... chaud... chaud... ça
presse! (*Que diable! je n'ai plus...*)

BRIGITTE. Ça suffit!..... on y va. (*A part.*)
Drôle de baronne! (*Elle sort.*)

SCÈNE XI.

BERGAMOTTE, *puis* DONATIEN.

BERGAMOTTE, *seule.* Oui, oui, sapristi! je sau-
verai l'innocence!... non, non, saprénom! ce
vieux singe ne me fera pas tirer les marrons du
feu... que je laisse dévorer une candide brebis...
non, non, jamais! (*S'asseyant à gauche.*) Eh
bien! ça n'est pas sans agrément de faire une
bonne action... Bergamotte, ma fille, je suis contente de toi...

DONATIEN, *entrant sans la voir.* Bravo! ça va
bien! la mère Bernard m'a souri en me congé-

diant... O félicité! (*Dansant et chantant.*) Traderi
dera... (*Il se trouve devant Bergamotte et s'arrête en jetant un cri d'étonnement.*) Ah! Bergamotte!

BERGAMOTTE, *faisant un bond.* Donatien!

DONATIEN. Toi, ici!

BERGAMOTTE. Vous y êtes bien!... et dans quelle
tenue! mazette! Il paraît que vous avez fait un
tour au Pérou.

DONATIEN. Eh bien! et vous? (*Après un temps.*)
Ah! mais ce portrait... c'était donc!...

BERGAMOTTE. Comme vous voyez... mais ce
n'est pas de ça qu'il s'agit... Nous avons à
causer.

DONATIEN. Tais-toi, malheureuse! Sais-tu chez
qui tu es?

BERGAMOTTE. Ce matin je l'ignorais, mais maintenant je m'en doute.

DONATIEN, *cherchant à la congédier.* Merci de
ta visite, tu te portes bien... et moi aussi... Adieu,
Bergamotte, adieu!

BERGAMOTTE. Et tu crois que je m'en irai comme
ça!

DONATIEN. Oui, chère amie, avec la rapidité
d'une fusée volante... Il le faut... Bergamotte,
ta présence dans cette maison me fait l'effet d'un
lampion sur un baril de poudre... Tu vas faire
sauter mon avenir, mon bonheur, mon amour...
tout enfin...

BERGAMOTTE. Hein?... Votre bonheur?... votre
amour?... Quoi, cette jeune péronnelle?

DONATIEN. Eh bien!... oui, là... c'est ma fian-
cée... c'est presque ma femme...

BERGAMOTTE. Sa femme! ah! le gueusard!

DONATIEN. Tant pis!... je casse les vitres; au
surplus, de tel côté tu t'es embarquée... oui,
Marguerite, ma femme!... tu comprends?...
que le passe ton baron, moi aussi... va-t'en! sauve-
toi, ou tu me perds!

BERGAMOTTE, *à part.* Et moi, bonnasse qui al-
lais servir ses amours... Oh! que non pas!

BRIGITTE, *rentrant.* Madame.

BERGAMOTTE, *vivement* (1). Eh bien! Mademoiselle Marguerite?

BRIGITTE. Il paraît qu'elle est sortie pour aller
porter, chez M. le baron, le portrait de Madame.

BERGAMOTTE. Ah! je triomphe!...

DONATIEN, *à Brigitte.* Comment?

BERGAMOTTE. Allez, ma chère, je vais narrer à
Monsieur la chose qui m'arrive.

(*Brigitte sort, tandis que Bergamotte va s'asseoir
tranquillement à gauche*)

DONATIEN. Hein! la voilà qui s'installe à présent.

BERGAMOTTE. Est-ce que nous n'allons pas tail-
ler une petite bavette...

2. Bon. Don. Bér. St-Ph.

3. Bon. Don. mad. Jor. Marg. Berg. St-Ph.

1. Bér. Brig. Don.

DONATIEN. Ah! Bergamotte! Bergamotte! c'est
indigne!... c'est une vengeance, n'est-ce pas?...

BERGAMOTTE. Ma vengeance! elle va son train
à l'heure qu'il est!

DONATIEN. Que veux-tu dire?

BERGAMOTTE. Que je t'engage à faire économie
de la fleur d'oranger pour la mariée...

DONATIEN. Bergamotte!

BERGAMOTTE. Ah! tu m'as flanquée là comme
un joujou dont tu avais assez... Eh bien! ap-
prends que ta belle Marguerite, vient de se jeter
elle-même dans les bras de mon baron... un vieux
roué qui m'avait prise aussi comme un joujou...
et qui m'a fait poser... autre genre de distraction.

DONATIEN. Quoi! ce portrait?

BERGAMOTTE. C'était un piége pour prendre ta
colombe au trébuchet.

DONATIEN. Oh! ce n'est pas vrai! Tu mens
pour me faire bisquer, pour me faire peur!

BERGAMOTTE. Foi de Bergamotte, je dis vrai!

DONATIEN, *la prenant violemment par le bras.*
Dis que tu mens, Bergamotte, ou sinon!... (*Il
l'amène sur le devant.*)

BERGAMOTTE. Je crois que vous me faites des
bleus, palsambleu!

DONATIEN, *s'adoucissant.* Eh bien! non! j'ai
tort... voyons, je t'en conjure... je te supplie de me
rendre la confiance, la tranquillité... Tiens!...
veux-tu que je me mette à tes genoux? (*Il s'agenouille et
la presse.*) Bergamotte! ma bonne Bergamotte!...
(*S'arrêtant tout à coup.*) Ah! saperlotte!

BERGAMOTTE. Quoi donc?... une araignée!

DONATIEN. Est-ce que je suis bien éveillé?...
mais non, je ne me trompe pas.

BERGAMOTTE. Est-ce qu'il devient fou? Oh!
j'ai été trop loin!

DONATIEN. Bergamotte!

BERGAMOTTE. (*Après?*) Tu me fais peur!

DONATIEN. Ce médaillon que je vois là à ton
corsage, je le reconnais!... oui, je l'ai vu déjà, j'en
suis sûr... quand j'étais tout petit, et que je jouais
sur les genoux de ma mère...

BERGAMOTTE. Ta mère!...

DONATIEN, *à lui-même.* Mais comment se fait-
il?... on m'a bien chassé, et... l'on aura vendu
ses bijoux... ce médaillon, c'est le portrait de sa mère...

BERGAMOTTE, *à part.* Sa mère!... mais alors je
ne peux pas lui dire que le baron...

DONATIEN, *lui arrachant le médaillon.* Réponds...
comment ce médaillon est-il entre tes mains?

BERGAMOTTE. Mais...

DONATIEN. Ou plutôt, non!... tu me ferais
quelque mensonge! courons d'abord au plus
pressé... Marguerite!.. où est Marguerite? Il faut
que je la sauve!... (*Il court vers la chambre à
gauche.*)

SCÈNE XII.

LES MÊMES, SAINT-PHAR.

SAINT-PHAR, *sans les voir.* L'heure se passe, la petite ne vient pas... (*Apercevant Bergamotte.*) Bergamotte !.. j'en étais sûr... (1)

BERGAMOTTE. Le baron !

DONATIEN. Le baron ! lui ! (*A Saint-Phar.*) Ah ! c'est vous qui brisez mes amours... Ah ! c'est vous qui m'enlevez la femme que j'adore !..

SAINT-PHAR, *avec un peu d'embarras.* Oui, jeune homme, oui, je comprends... votre colère... après ce qui s'est passé... Mais rassurez-vous, cette femme que je vous ai enlevée, je vous la rends... et dans toute sa pureté, j'en atteste le grand Frohsac !

DONATIEN. Est-il vrai !

SAINT-PHAR, *le faisant passer près de Bergamotte* (2). Il est vrai !.. Bergamotte, retournez avec votre... fiancé, et dites-lui...

DONATIEN. Mais ce n'est pas elle !.. Gardez Bergamotte, je vous la cède, si vous voulez... Il s'agit de Marguerite !

SAINT-PHAR. Ah ! pour celle-là, c'est différent !

DONATIEN, *s'élançant sur Saint-Phar.* Ainsi, tu l'avoues ! (*Le faisant reculer tout autour de la scène.*) Ah ! gueux ! ah ! brigand... tu connais mes armes !

SAINT-PHAR, *fuyant devant lui* (3). Je n'en use pas, Monsieur !

DONATIEN, *retroussant ses manches.* Mais moi, j'en use !.. (*Se posant.*) Petit, mais féroce !

BERGAMOTTE, *voulant le retenir.* Donatien ! que fais-tu ?

DONATIEN, *se dégageant.* Laisse-moi... il faut que je le pulvérise !

BERGAMOTTE, *à part.* Ma foi ! en avant la phrase de mélodrame !.. (*A Donatien.*) Arrête, malheureux ! tu vas pulvériser ton père !

DONATIEN. Mon père, lui !.. (*Poussant un soupir grotesque.*) Hun !... (*Il tombe comiquement accablé sur un fauteuil.*)

SAINT-PHAR, *très-surpris.* Son père !

BERGAMOTTE, *allant à lui.* Hélas ! oui, c'est votre fils... le doute n'est plus permis... car ce médaillon, c'est le portrait de sa mère !

SAINT-PHAR. Ah ! ah !.. Eh bien ! qu'est-ce que ça me fait ?.. ce médaillon... je l'ai acheté chez un brocanteur pour augmenter ma collection amoureuse...

BERGAMOTTE. Pas possible !

SAINT-PHAR. Foi de baron,

1. Don. St-Phar. Ber.
2. St-Ph. Don. Ber.
3. Don. Berg. St-Ph.

SCÈNE XIII.

LES MÊMES, BONIFACE.

BONIFACE, *allant à Donatien* (1). C'est arrangé, c'est convenu, et je viens... Mais qu'y a-t-il donc ? Donatien... ce visage bouleversé !..

DONATIEN, *revenant à lui.* Ah ! c'est vous, mon ami, mon second père !.. car vous n'êtes que mon second père, j'ai retrouvé mon premier.

BONIFACE. Ah ! tant mieux !

DONATIEN. Non, tant pis !.. si vous saviez...

BERGAMOTTE. Donatien, il y a erreur... ce médaillon !.. il l'a acheté pour faire croire qu'il avait des boisseaux de maîtresses !.. le vieux Lovelace !

DONATIEN, *se relevant d'un bond.* Il l'a acheté !

BONIFACE, *arrachant le médaillon des mains de Boniface, et à part* (2). Ce médaillon ! mais c'est la mère de mon garçon ! (*Poussant le même soupir que Donatien.*) Hun !.. (*Il tombe sur le même fauteuil et dans la même attitude.*)

DONATIEN. Mais alors, du moment que Monsieur n'est pas... nous en revenons à notre duel. (*Il retrousse ses manches.*)

SAINT-PHAR, *cherchant à s'échapper.* Mais non... mais non... je vous fais des excuses !

DONATIEN, *retenu par Bergamotte.* Des excuses ! plus souvent ! Marguerite !.. ou je tape !

~~~~~~

SCÈNE XIV.

LES MÊMES, MADAME BERNARD, MARGUERITE.

MADAME BERNARD (3). Qu'est-ce qui se passe donc ici ?

MARGUERITE. Quel tapage !

DONATIEN ET BERGAMOTTE. Marguerite !

MADAME BERNARD. Eh bien ! oui, Marguerite, votre femme, à qui je viens de tout conter, et que je vous amène.

DONATIEN, *allant à Marguerite.* Marguerite !.. vous n'avez donc pas porté le portrait ?

MARGUERITE. M. Boniface m'avait tant recommandé de n'en rien faire... je ne suis pas sortie.

DONATIEN. Oh ! fameux ! je suis sauvé !.. Marguerite, ma petite femme. (*Sautant de joie.*) Tradéridéra... (*Il embrasse successivement madame Bernard, Marguerite, puis arrivé à Bergamotte, il s'arrête.*) Aïe ! Bergamotte !.. Pardon, madame la baronne.

BERGAMOTTE, *bas,* (4). Ne craignez rien, je ne troublerai pas votre bonheur. (*Haut.*) Eh bien ! Monsieur, qui vous arrête ?.. je vous permets de m'embrasser..... avec l'autorisation de M. le baron...

1. Don. Bon. Ber. St-Ph.
2. Bon. Don. Berg. St-Ph.
3. Bon. Don. mad. Ber. Marg. Berg. St-Ph.
4. Bon. mad. Ber. Marg. Don. Berg. St-Ph.
~~~~~~

SAINT-PHAR. Oh! j'autorise!

BERGAMOTTE. Et avec la permission de votre femme. (*Donatien l'embrasse, bas.*) Votre femme! (*Bas, à Donatien en le prenant à part, pendant que Saint-Phar remonte auprès des dames.*)

Air : *En vérité, je vous le dis.*

Pour obtenir ce titre-là
Dont mon âme eût été si fière
J'aurais donné ma vie entière...
Elle t'offre mieux que cela.
A ce doux nom qu'elle réponde!
Je renonce à cet emploi-là...
La plus belle fille du monde
Ne peut donner que ce qu'elle a.

(*A elle-même.*) Allons, je reste baronne... (*Bas, à Saint-Phar qui se rapproche d'elle.*) jusqu'à ce que vous me fassiez débuter dans l'opéra-comique de la Comédie Italienne.

SAINT-PHAR, *à part.* Si tu comptes là-dessus...

BRIGITTE, *entrant.* Madame est servie.

BERGAMOTTE. Votre bras, baron. (*Bas.*) Si vous ne filez pas doux, je conte l'aventure à tout le monde.

DONATIEN, *bas, à Saint-Phar.* Et si vous vous avisez encore de rôder par ici... vous savez... petit, mais féroce...

SAINT-PHAR. C'est bien!... ça suffit! (*A part.*) Battu!... Va pour Bergamotte!... (*Il prend avec humeur le bras de Bergamotte.*)

MADAME BERNARD. Allons, Donatien, la main à votre femme, et vous, contemporain, la vôtre.

BONIFACE, *qui est en train de regarder le médaillon.* Ma main... ah! oui... pas celle-là... Pardon!.. (*Il met le médaillon dans sa main droite.*)

DONATIEN. Tiens, qu'est-ce que vous cachez donc dans cette main-ci, papa Boniface?

BONIFACE, *avec attendrissement.* Mon ami... je te le dirai au dessert.

CHŒUR.

Air des *Mémoires du Pont-Neuf.*

Plus de tourments, plus d'alarmes
Le calme règne en ces lieux,
Et cet instant plein de charmes
Nous promet des jours heureux.

FIN.

SAINT-PHAR. Oh! j'autorise!

BÉHAMOTTE. Et avec la permission de votre femme. (Donatien l'embrasse, bas.) Votre Jannot (Bas, à Donatien en le prenant à part, pendant que Saint-Phar remonte auprès des dames.)

Air : En avril, je sors la dix.

  Pour obtenir ce titre-là
  Dont mon âme est été si fière
  J'aurais donné ma vie entière...
  Elle t'offre mieux que cela
  A ce doux nom qu'elle répond!
  Je renonce à cet emploi-là...
  La plus belle fille du monde
  Ne peut donner que ce qu'elle a

(A elle-même.) Allons, je reste baronne... (Bas, à Saint-Phar qui se rapproche d'elle,) jusqu'à ce que vous me laissiez débiter dans l'opéra-comique de la Comédie Italienne.

SAINT-PHAR, à part. Si tu comptes là-dessus...

BRIGITTE, entrant. Madame est servie.

BÉHAMOTTE. Votre bras, baron. (Bas.) Si vous ne filez pas doux, je conte l'aventure à tout le monde.

BONIFACE, bas, à Saint-Phar. Eh, si vous vous avisez encore de rôder par ici!... vous savez... poli, mais féroce.

SAINT-PHAR. C'est bien!... ça suffit! (À part.) Battu!... Va pour Bergamotte!... (Il prend sous le bras de Bergamotte.)

MADAME BERTRAND. Allons, Donatien, la main à votre femme, et vous, contemporain, la vôtre.

BONIFACE, qui est en train de regarder le médaillon. Ma main... ah! oui... pas celle-là... (Un don... (Il met le médaillon dans sa main droite.)

DONATIEN. Tiens, qu'est-ce que vous cachez donc dans cette main-ci, papa Boniface?

BONIFACE, avec attendrissement. Mon ami... je te le dirai au dessert.

CHŒUR.

Air des Mémoires du Diable d'Un.

  Plus de tourments, plus d'alarmes.
  Le calme règne en ces lieux.
  Et cet instant plein de charmes
  Nous promet des jours heureux.

FIN.